Presentado a

____

Mi oración es que, al leer este libro, las palabras de sus páginas dejen una marca indeleble en su corazón, mientras la unción del Espíritu Santo lo prepara para el pronto regreso de nuestro Señor.

A medida que se adhiera a los principios espirituales expuestos, capítulo por capítulo, creo que estará preparado para el Rapto. Por otro lado, si usted no presta atención a su instrucción, podría ser dejado atrás cuando nuestro Señor regrese.

Por lo tanto, lea cuidadosamente las palabras del Señor, sabiendo que el camino espiritual expuesto le llevará a la vida eterna. Y, cuando todos seamos bendecidos al dejar atrás este viejo mundo en el Rapto, volveremos a unirnos en el cielo como miembros de la familia en el Cielo y nos encontraremos, regocijándonos todos juntos alrededor del trono de Dios.

Por la gracia de Dios, me reuniré con ustedes allí.

______________________ _____/____/20____

Cómo estar listo para EL RAPTO

Cómo estar listo para EL RAPTO

POR

CHARLES L. BENNETT

Cómo estar listo para el Rapto

Traducción al Español por W. Moisés Arauz.

Publicado por:

McDougal y Asociados
18896 Greenwell Springs Road
Greenwell Springs, LA 70739
www.thepublishedword.com

McDougal y Asociados está dedicado a difundir el Evangelio del Señor Jesucristo a tantas personas como sea posible en el menor tiempo posible.

ISBN 978-1-950398-49-2

Impreso por demanda en los Estados Unidos,
el Reino Unido, Australia, y los Emiratos Árabes Unidos
Para la distribución mundial

Dedicación

Este libro está dedicado a mi amigo, el Espíritu Santo, a quien conocí personalmente en Nicaragua, América Central.

Cuando tenía cuatro años y medio, Él resplandeció la luz sobrenatural de Dios sobre mí vida e impartió el conocimiento de la salvación, juntamente con el versículo bíblico de Juan 3:16, dejándome saber que el llamado de Dios estaba sobre mi vida para predicar.

Reconocimientos

A Annette, mi esposa desde hace más de cincuenta años, mis nueve hijos, mis veintiséis nietos y un bisnieto.

A mi madre, una mujer de fe. Mientras crecía, la oí orar en el Espíritu demasiadas veces como para contarlas, mientras permanecía arrodillada junto a su cama.

A mi padre, a quien siempre veía estudiando la Palabra en su silla reclinable, escudriñando las escrituras proféticas. Él me enseñó mucho sobre los eventos del fin de los tiempos, especialmente el Día del Señor, que es el Rapto.

A mis hermanas, Dianne y Kay, y a mi cuñado, Alan, quien me ayudó a editar este libro. Ellos estaban comprometidos a ver este libro publicado.

A la multitud de ministros quienes han impartido en mi vida la Palabra de Dios.

A Harold McDougal, no podría haber realizado este proyecto sin su ayuda.

Un reconocimiento especial a mi hijo, Daniel, quien financió este libro desde la tumba a través de su invento en la instalación de alfombras, llamado Seamer Down Now.

A Debbie, a quien conocimos en México cuando mi hijo Daniel estaba allí para recibir tratamientos. Debbie recibió un milagro de sanidad de una enfermedad "incurable" cuando la animamos a memorizar cuatro pasajes de las Escrituras. Ella ha sido una gran fuente de ánimo para mí mientras escribía este libro. Gracias, Debbie.

A mi gran amigo, Moisés, quien tradujo este libro, página por página, para captar con claridad la esencia de lo que estaba expresando. Él ha sido un intérprete fiel en muchos eventos públicos en donde hemos predicado a grupos pequeños y grandes en Nicaragua y en México. ¡Que Dios le bendiga mientras viajamos juntos en muchos países ministrando *Como estar listo para el Rapto*!

Contenidos

Cómo fue en los días de Noé así también será en los días del Hijo del Hombre. Comían, bebían, se casaban y se daban en casamiento, hasta el día en que entró Noé en el arca.

Lucas 17:26-27

PREFACIO DEL AUTOR

Desde mis primeros recuerdos, he sido inquisitivo sobre el "detrás de escena" de las cosas y las situaciones. Lo que estaba en la superficie no me intrigaba. Parece que Dios conocía mi deseo y me permitía entrar en contacto con algunos de los protagonistas de su Reino de vez en cuando.

Una vez, mientras estaba en la reunión de la Fraternidad Internacional de Hombres de Negocios del Evangelio Completo (FIHNEC) en Washington, D.C., a mediados de los años 60 (tenía quince años de edad), caminé detrás de las cortinas de un banquete y vi a Demos Shakarian y a Oral Roberts que estaban sentados sosteniendo una conversación muy intensa.

En otra ocasión, cuando tenía veinte años, me invitaron a una de las reuniones de negocios de la Convención Nacional de Radiodifusión Religiosa (NRB, por sus siglas en inglés) en D.C. por uno de sus fundadores, Charles Leaming. Aunque me sentí fuera de lugar, fue como si el Espíritu Santo me dijera: "Te estoy preparando". No sabía que más tarde estaría involucrado en un ministerio radial, en mi país y también en Centroamérica.

Nunca olvidaré, cuando era un joven ministro al final de mi adolescencia, el sentir que tuve de viajar dos horas para reunirme con Pat Robertson en WYAH-TV. Me emocioné cuando él vino a donde yo estaba y me permitió preguntarle cosas sobre el ministerio. Esa reunión con Pat Robertson puede haber sido insignificante para él, pero, para mí, fue muy importante y poderosa. Fue significativo ya que, en pocos días, haría a solas, mi primer viaje misionero a Jamaica, Indias Occidentales. Me dio más confianza saber que si Dios me dirigía a reunirme con Pat Robertson y hacer que ese encuentro se llevara a cabo, entonces Dios podría usarme y dirigirme a lo largo de toda Jamaica.

Qué maravilloso viaje misionero fue para un joven de diecinueve años que acababa de terminar su primer año de Bíblico en el Instituto Bíblico Zion en East Providence, Rhode Island. Vi poderosos milagros de Dios durante cuarenta y cinco días, y Dios abrió puertas y dirigió mis pasos.

Más tarde en mi ministerio, se me pidió por parte de Christian Broadcasting Network (CBN) organizar con mi amigo David Wine, quien era un gran misionero y fabricante de carpas, que armáramos la carpa en forma de T que se utilizó en una de las cruzadas más bendecidas en el área de Tidewater para Club 700, se llamó: "Siete días en llamas". Mi carpa redonda de 7,200 pies cuadrados, era demasiado pequeña para ser utilizada para el evento principal, pero era el tamaño perfecto para ser utilizado para su librería en esta cruzada.

Todo esto fue sólo una parte del perfeccionamiento de Dios en mi vida y ministerio. Dios tiene una manera de usar todos tus encuentros y traerlos de regreso para completar un círculo. Tengo muchas más historias de haber estado con algunos de los más grandes hombres de Dios del siglo pasado, como R.W. Schambach, a quien invité a venir a nuestra ciudad de Hopewell, Virginia. Varias veces tuve la oportunidad de volar mi avión a sus convenciones y compartir un helado con él después de sus reuniones. Peter Youngren, Sid Roth, Mike Perky, John Bevere y Reinhard Bonnke vinieron a nuestra pequeña ciudad para las campañas evangelísticas en una carpa que nuestra iglesia patrocinó durante un período de ocho años. También llegué a conocer a Jimmy Swaggert y a muchos otros ministros, como Rex Humbard, y muchos más hombres de Dios que han bendecido mi vida.

Ninguno de estos encuentros se puede comparar con el encuentro más grande que he tenido en mi vida y ministerio, el cual ocurrió en Nicaragua cuando conocí personalmente al Espíritu Santo y supe quién era Él en realidad. Él se convirtió en mi amigo. Más adelante les contaré sobre este encuentro. Él es increíble. Es muy real. Está en todas partes al mismo tiempo. También es la tercera persona de la Trinidad. Definitivamente es una persona muy real.

Dios me ha dirigido a viajar a muchas partes del mundo. Él me ha permitido viajar a más de cincuenta países y me ha bendecido para ministrar a la gente desde grupos pequeños hasta miles de personas a la vez. Todo esto ha sido por la gracia de Dios.

¡Mi vida ha sido muy inusual por la forma en que leo la Biblia y por los encuentros y experiencias sobrenaturales que he tenido con Dios! Este libro es el resultado de la forma en que Dios me habla y de las cosas que me ha dado a conocer.

Muchas veces, a lo largo de los años, tenía sueños por la noche y corría a mi estudio para investigar lo que había soñado. No sabía que lo que acababa de soñar estaba en la Palabra de Dios. Cada vez me he emocionado al descubrir que lo que acababa de soñar era realmente correcto y exacto según las Escrituras. Es asombroso confirmar que Dios sigue comunicándose con la humanidad hoy en día. Ha sido emocionante permitir que Él me deje mirar detrás del escenario de su Palabra, y lo que estoy a punto de presentarles fue descubierto de esta manera maravillosa.

Por favor, entiendan de dónde vengo. No estoy diciendo que tengo todas las respuestas y que las cosas tienen que suceder exactamente como las describo aquí. Lo que estoy diciendo es que, independientemente de cómo sucedan las cosas, tú y yo debemos estar preparados cuando Jesús venga. Creo que, si usted lee con oración este libro, el Espíritu Santo le ministrará verdades que usted ha leído. Pero, aún más importante, Él puede hablar a su espíritu lo que yo no he escrito. Recuerde, la Palabra de Dios dice claramente que, si somos guiados por el Espíritu, somos hijos de Dios. Es mi oración que este libro le ayude a ver *Cómo estar listo para el Rapto.*

INTRODUCCIÓN

MI PRIMER ENCUENTRO CON DIOS

En primer lugar, permítanme contarles cómo, siendo un niño, llegué a conocer al Señor. Mi padre y mi madre eran cristianos nominales que asistían regularmente a la iglesia, pero a una de las denominaciones tradicionales. Aunque cada uno de ellos tuvo un encuentro con el Señor en su temprana juventud y aceptaron a Jesús como su Señor y Salvador, no estaban en lo absoluto "ardientes" por Dios porque no sabían que podían ser guiados por Él diariamente. Sus espíritus fueron avivados, pero no tenían una relación continua con Dios.

Mi padre comenzó a buscar a Dios cuando se dio cuenta de que tener una esposa maravillosa y cuatro hijos y ser dueño de su propio negocio de plomería, calefacción y aire acondicionado no llenaba completamente la parte interna de su ser. Comenzó a leer la Palabra de Dios para llenar ese vacío en su vida. A medida que leía la Biblia, un hambre insaciable de una relación con Dios llegó a su vida, y era como si no pudiera saciarse de la Palabra de Dios. Fue durante este tiempo que la Palabra también se hizo comprensible para él. Mientras leía, se encontró con el capítulo 3 de Juan, donde Jesús le dijo a Nicodemo que tenía que *"nacer de nuevo"*.

Unos cuatro meses después de que esta hambre de Dios se hiciera tan frecuente en la vida de mi padre, me ocurrió algo inusual que desafió a mis padres. Justo antes de cumplir cinco años, tuve un encuentro sobrenatural con Dios. Tengo muy pocos recuerdos de mi vida antes de eso. Aunque tenía solamente cinco años, puedo recordar que una luz muy brillante me alumbró mientras jugaba afuera en el patio. Cuando la luz brillante cayó sobre mí, la presencia de Dios me envolvió en su amor, y fue en ese momento que de repente supe Juan 3:16 en su totalidad: *"Porque de tal manera amó Dios al mundo, que ha dado a su Hijo unigénito, para que todo aquel que en él cree no se pierda, mas tenga vida eterna"*.

Fui corriendo a la casa y, con gran emoción, le dije a mi madre: "¿Quieres oír mi versículo para memorizar?" Este versículo de las escrituras me había sido impartido en su totalidad. Mi madre se quedó atónita, pues sabía que la iglesia a la que asistían ella y mi padre no enseñaban a los niños de cuatro y cinco años versículos bíblicos extensos, sino sólo frases muy cortas que los niños repetían después de las maestras, por ejemplo: *"Sed amables los unos con los otros"* (Efesios 4:32).

Mamá estaba sorprendida, pero no queriendo hacer un gran asunto de lo que acababa de ocurrirme, mantuvo la compostura y no se permitió reaccionar de forma exagerada porque no quería apenarme. El resto del día reflexionó en su corazón sobre lo que me había ocurrido. Luego, cuando mi padre llegó a casa del trabajo, le contó cómo yo había llegado de jugar y le había contado lo de la luz brillante y mi versículo de memoria.

La creencia doctrinal de mis padres en aquella época era que ningún niño podía "nacer de nuevo" hasta que llegara a la edad de rendición de cuentas, ¡que les enseñaban que era alrededor de los doce o trece años! Mi padre decidió que mi madre entrara en el dormitorio, donde yo estaba jugando con mis juguetes, y me preguntara si había "nacido de nuevo". Se colocó detrás de ella, mirando desde el pasillo cómo jugaba en el suelo, mientras preguntaba: "Charles, ¿has nacido de nuevo?".

Estando seguros de que nunca había oído esa frase, y confiados en que, aunque la hubiera oído, no comprendería ni entendería el concepto de la frase, ambos se sorprendieron cuando levanté la vista y simplemente dije: "Sí", y seguí jugando con mis juguetes. Entonces mi padre exclamó: "¿Cómo sabes que has nacido de nuevo?".

Se quedaron más que sorprendidos cuando levanté la vista y respondí: "Porque Jesús quitó mi corazón endurecido y me puso uno suave". Mi padre compartió conmigo muchas veces a lo largo de los años que le tomó varios meses antes de encontrarse con los versículos en Ezequiel que dicen:

> *Y les daré un corazón, y un espíritu nuevo pondré dentro de ellos; y quitaré el corazón de piedra de en medio de su carne, y les daré un corazón de carne.*
>
> Ezequiel 11:19

> *Os daré corazón nuevo, y pondré espíritu nuevo dentro de vosotros; y quitaré de vuestra carne el corazón de piedra, y os daré un corazón de carne.*
>
> Ezequiel 36:26

Cuando el Espíritu Santo intervino en mi vida antes de cumplir los cinco años y me dio un nuevo corazón, junto con un nuevo nacimiento y un versículo de memoria, tuve el "conocimiento" de que estaba llamado a predicar. Desde ese instante, no he conocido un momento de mi vida en el que no supiera que Dios me había llamado, que había puesto su mano sobre mí y que siempre estaba conmigo. He fallado a Dios muchas veces y me he alejado, haciendo mis propias cosas. He pecado muchas veces en mi vida, pero siempre he sabido que la gracia de Dios estaba conmigo. A lo largo de los años he aprendido escrituras que me han preservado ante las trampas de la vida. Por ejemplo, la segunda carta de Pablo a Timoteo dice:

> *Si fuéramos infieles, Él permanece fiel;*
> *Él no puede negarse asimismo.* 2 Timoteo 2:13

Ya que Dios ha sido fiel hasta ahora en el asunto de mi salvación, debo creer que será fiel en todas las cosas, incluyendo lo que Él ha hablado sobre el fin de los tiempos como lo conocemos. *Habrá* un final de los tiempos como lo conocemos, Jesús *vendrá* de nuevo, y muchas de las señales de nuestros tiempos apuntan a que ese evento será muy pronto. Por lo tanto, nos corresponde a todos estar preparados para ello, sea como ocurra.

Los eventos del fin de los tiempos es uno de los temas más divisivos en el cristianismo actual. No deseo añadir nada a esa discusión. Mi único interés es enseñar al pueblo de Dios a no tener una mente cerrada con respecto a cómo tendrá lugar el Rapto. Puede que no desaparezcamos instantáneamente, pero no importa cómo ocurra, debemos aprender *Cómo estar listo para el Rapto.*[1]

---

1. ¡Dispersos a lo largo del texto de este libro encontrarás algunos BOOM! Espero que estos: 1). Hagan su lectura más agradable, y 2). Llame su atención sobre conceptos que pueden ser nuevos y, por lo tanto, fascinantes para usted.

Capítulo 1

En primer lugar, el final del libro

Éste es el último capítulo del libro. Lo he puesto de primero por efecto. Es sólo un escenario de cómo los eventos del Rapto podrían tener lugar. Este escenario cubre el evento más grande de todos los tiempos e incluye los principales conceptos a los que los cristianos de todas partes se han referido y han creído con respecto al Rapto de la Iglesia.

Un hombre y su esposa están en su casa. Es un día ordinario, durante un tiempo en que el mundo entero está bajo gran presión y cambio. Confusión y disturbios prevalecen en todo el mundo, y han ocurrido agitaciones en todas partes. Es difícil llevar a cabo las actividades cotidianas debido a la carencia y las aflicciones. Los políticos parecen incapaces de lograr la paz entre las naciones. Las grandes naciones del mundo han menguado su influencia, y las economías del mundo están sumidas en el caos. Los últimos intercambios nucleares entre las naciones más poderosas de la tierra, aunque limitados en su alcance, han dejado claro que la "paz por la fuerza" ya no puede funcionar. Los pueblos del mundo entero y las agencias de noticias del mundo parecen estar obsesionados con una y sólo una pregunta: ¿Quién puede conseguir la paz? ¿Acaso no hay *alguien* que pueda traer la paz al mundo?

Se habla mucho de cierto político de Medio Oriente que parece tener un mensaje que podría apaciguar a todos los grupos y líderes religiosos, especialmente a los musulmanes y a los judíos. Es una persona poderosa y carismática, y los líderes religiosos han anunciado que pondrían a su disposición su influencia para que la paz pueda llegar de nuevo a la Tierra.

Ahora, la esposa habla:

Mientras entraba en la habitación donde mi marido estaba viendo las noticias, estaba reflexionando sobre estas cosas y pensando que apenas el domingo pasado escuché un sermón sobre pedir que el Señor 'venga pronto'. Mientras reflexionaba sobre esto, escuché un sonido muy fuerte que venía de afuera de mi casa. Sonaba como una fuerte trompeta que posiblemente podría ser un nuevo sistema de alarma que la ciudad podría haber instalado para alertarnos sobre problemas con las plantas químicas locales al otro lado de la ciudad. Le dije a mi marido: "Cariño, ¿qué es esa trompeta que acabo de oír sonar afuera?" Me quedé perpleja cuando me contestó: "No he escuchado ningún sonido fuerte. ¿De qué estás hablando?"

Antes de que pudiera contestar a mi marido, apareció ante mí un hombre en la habitación. Quedé abrumada al saber que era un ángel. Me quedé perpleja al ver que me saludaba por mi nombre. Increíblemente, mi esposo aparentemente no podía verlo. Este ser que se me apareció comenzó a decir: "No tengas miedo. He venido a llevarte a cierta iglesia donde se está produciendo el Rapto".

Fue entonces cuando recordé que la Biblia dice que hay que *"probar los espíritus"* para ver si son de Dios. Y dije: "¿Jesucristo vino en carne y hueso?" En el mismo momento en que escuchaba la respuesta del ángel, oí a mi marido preguntar: "¿Con quién estás hablando, cariño? ¿Estás loca?" Parecía que mi marido estaba muy lejos en el fondo, pero oí al ángel decir claramente: "Por supuesto, Jesucristo vino en la carne. Ahora, ¡vamos!"

En ese momento, recordé haber escuchado a un ministro de la costa este de los Estados Unidos hablando de que el Rapto siempre se llamaba "El día del Señor", y no un llamado a desaparecer de la tierra. También recordé al ministro diciendo que Jesús nos advirtió, *"Recuerden a la esposa de Lot"* y que el Rapto podría ser la mayor prueba de la fe de una persona. Mencionó que los ángeles vinieron y sacaron a la familia de Lot (incluyendo a su esposa) de la ciudad de Sodoma.

Recordé que ese pastor también dijo que Jesús afirmó: *"Si estás en el campo, no vuelvas a tu casa"*. El pastor también dijo: "Cuando el ángel venga a llevarte al lugar del Rapto, no debes dudar. Tampoco debes demorarte en ir con el ángel porque tal vez quieras ver a tus hijos para asegurarte de que estén a salvo. Si te retrasas, el ángel te dirá: 'Haz lo que te parezca; yo tengo que ir ahora' ".

Me volví hacia mi esposo y le dije: "Un ángel ha aparecido en la habitación y me ha dicho que debo ir con él ahora a cierta iglesia local porque el Rapto está ocurriendo". La apasionada respuesta de mi marido fue: "¡Te prohíbo que vayas con quien dices que se te ha aparecido!"

De nuevo, recordé el sermón del pastor en el que dijo que el Rapto podría ser la mayor prueba de la fe de un cristiano. Había hecho hincapié en Lucas 17que dice: *"Si estás en lo alto de tu casa, no bajes a ella. Si estás en el campo, no vuelvas a tu casa. Uno será tomado, el otro será dejado"*. Dijo: "En el día del Rapto, ni se demoren en tratar de ver a sus hijos o a sus seres queridos. Id inmediatamente con el ángel del Señor. No dejéis que nada os lo impida". Había hablado de la parte de Lucas 17 que dice: *"Recuerda a la mujer de Lot"*.

Mientras salía por la puerta con el ángel, le dije a mi marido: "He sido una buena esposa para ti todos estos años, pero esta vez tengo que irme porque no voy a perderme el Rapto". Por un momento fugaz, pensé que mi marido intentaría seguirme hasta la iglesia a la que me llevaba el ángel.

Cuando salía del porche de mi casa, ocurrió algo increíble. Fue como si mi espíritu y mi alma se pusieran en marcha. Mi mente parecía estar desbloqueada, y era capaz de procesar claramente los detalles más rápido que la velocidad de la luz. Había sido trasladada, y al instante el ángel y yo estábamos en la iglesia a más de ocho kilómetros de distancia. Me quedé perpleja porque, en una fracción de segundo, había viajado más de ocho kilómetros.

Al descender desde lo alto de la iglesia hasta la entrada, vi lo que parecían ser personas tendidas en el suelo como si estuvieran muertas. No era mi naturaleza, pero no tenía miedo. Estaba en perfecta paz de que todo esto era parte del Rapto. Llena de confianza, pero abrumada por mi nueva capacidad de procesar la magnitud de la información en microsegundos, me hallé en la entrada de la iglesia.

Al entrar en la iglesia, vi a más de mil personas sentadas. En la parte delantera de esta gran iglesia, vi lo que instintivamente supe que era un gran ángel vestido como un hombre. Estaba de pie detrás del púlpito con un gran libro delante de él. Me di cuenta de una conversación que el ángel a cargo tenía con un hombre sentado, justo unas filas detrás de mí. Oí que el ángel decía: "¿Por qué estás aquí sin tu túnica de justicia"?

El hombre no respondió durante un tiempo. Parecía estar sin palabras. Entonces el ángel encargado dijo a los servidores, *"Atadle de pie y manos, y echadle en las tinieblas de afuera; allí será el lloro y el crujir de dientes"*. De alguna manera, sin saber cómo, supe que la referencia era de Mateo 22:1-14, que habla de las señales antes del fin. Fue entonces cuando comprendí de dónde habían salido algunos de los cuerpos que estaban fuera y que las personas que yacían allí estaban realmente muertas.

Recordé que el pastor predicaba lo que Jesús dijo: *"Uno será tomado y el otro dejado"*. Los discípulos le preguntaron en Lucas 17:37: *"¿Dónde, Señor?"* Su respuesta casi nunca ha sido entendida ni abordada por los pastores. Jesús contestó: *"Donde estén los cadáveres, allí se juntarán las águilas"* (mi paráfrasis). Sobrenaturalmente, tuve una comprensión completa de este verso, y me di cuenta de que, durante el Rapto, muchos escucharán lo que está sucediendo y tratarán de colarse en el evento sin ser invitados. El juicio de Dios caerá sobre ellos, y morirán en el acto.

Fue entonces cuando vi al pastor de la iglesia entrar por la puerta lateral. Preguntó al ángel encargado: "¿Qué está pasando"? El ángel le dijo con calma, pero con severidad, al pastor que debía tomar asiento, ya que el Rapto estaba teniendo lugar. El pastor parecía estar desconcertado. Le preguntó al ángel qué le daba derecho a hacerse cargo de esta iglesia. El ángel a cargo simplemente informó al pastor que el 8 de mayo de 1958, los miembros de la iglesia, junto con el pastor en ese momento, habían dedicado la propiedad y los edificios al Señor Jesucristo. El ángel explicó que el Señor mismo había autorizado ahora este lugar como uno de los muchos lugares que serían utilizados como puntos de Rapto. Una vez establecido esto, el ángel a cargo continuó.

Me senté asombrado mientras el ángel llamaba a las personas que se encontraban sentadas en el auditorio una por una. Entonces vi que el ángel me señaló con el dedo y oí que me preguntaba: "¿Cómo te llamas"? Con miedo y temblor, le respondí y le dije mi nombre. Al instante, las hojas del libro que tenía delante empezaron a girar, como por manos invisibles. El ángel habló con una voz fuerte que se oía en todo el auditorio. Sonaba como si estuviera amplificada, pero el sistema de audio no estaba encendido. Me dijo: "Sí, tu nombre está en el libro. Acérquese. Suba los escalones de la plataforma". Envuelta en la impresionante presencia del Señor, me acerqué al ángel. Mientras subía los escalones a la plataforma, noté que cada fibra de mi ser había comenzado a vibrar. Cuando llegué a la parte superior de los escalones, el ángel levantó su brazo derecho, completamente extendido, y dijo: "¡Bien hecho! Entra al gozo del Señor".

Mientras pasaba por debajo de su brazo extendido, me di cuenta de que estaba caminando a unos treinta centímetros por encima de la plataforma. Una luz brillante salía de mi cuerpo. Entonces, para mi asombro, mi cuerpo empezó a cambiar en un momento, en un abrir y cerrar de ojos. Mi ropa caía a la plataforma, pero mi desnudez no se veía. Estaba revestido de la gloria de Dios. Sucedió tan rápido que apenas pude comprender todo lo que estaba ocurriendo.

Cuando alcé la mirada, la parte trasera de la iglesia parecía estar abierta, aunque yo sabía que estaba cerrada en la estructura del edificio. Mis ojos sobrenaturales se habían abierto y era capaz de ver a través de la pared. Más allá de la pared había un gran carruaje lleno de personas que, como yo, habían sido cambiadas. Se regocijaban, clamaban de alegría y gritaban alabanzas a Dios de una manera tan gloriosa y hermosa y con un volumen que nunca había escuchado en la tierra.

Comencé a regocijarme con ellos y corrí en el aire atravesando la pared del fondo tan rápido, sabiendo que había sido llevada por un ángel al lugar de reunión. Allí había sido transformada y estaba en camino para ser llevada al Cielo en un magnífico carruaje, al igual que Elías.

Mientras subía al carruaje, miré a mi derecha y me di cuenta que el marido de mi vida terrenal era uno de los que estaban tirados en el suelo. Seguramente había ido a buscarme a la iglesia, pero ese pensamiento fugaz no pudo empañar mi alegría. Había subido al carruaje y me dirigía a mi verdadero hogar en el Cielo, para estar con mi Señor.

¡Wow! Acabas de leer el último capítulo del libro. Ahora, puedes continuar y leer todos los eventos que nos han llevado a este momento. Todo en este escenario es exactamente lo que se ha enseñado sobre el Rapto durante los últimos cien años. La única cosa diferente es la secuencia de eventos. La trompeta sonará, uno será tomado y el otro dejado, seremos reunidos, seremos cambiados en una fracción de segundo de tiempo, y seremos arrebatados al Cielo. Puede que este escenario no sea exactamente como suceda todo, pero una cosa es segura: la venida de Cristo será repentina, y debemos estar preparados—no importa cómo ocurra—para asegurarnos de no perdérnosla.

Si tenemos una mentalidad predeterminada sobre cómo ocurrirá el Rapto, podríamos resistirnos a la forma real en que Jesús regrese y perdernos el mayor evento de todas las edades. La lectura de este libro lo llevará a comprender cómo podría ocurrir el Rapto y lo ayudará a saber *Cómo estar listo para el Rapto.*

Capítulo 2

¿Qué importancia tiene que creamos en un Rapto literal?

Cuando Jesús formuló la pregunta: *"Cuando el Hijo del Hombre vuelva, ¿encontrará fe en la tierra?"* (Lucas 18:8), no lo estaba preguntando en un sentido general. Él estaba preguntando esto en referencia directa a su venida. ¿Encontrará fe en referencia al Rapto y a su venida en las nubes de gloria? En la mañana del viernes 22 de enero de 2021, tuve un encuentro sobrenatural. Alrededor de las 4:00 am, fui arrebatado en el Espíritu y escuché y vi a un grupo de personas discutiendo sobre el Rapto de la Iglesia. Alguien en el grupo decía, "No tenemos que creer en un Rapto literal porque es una doctrina de tómalo o déjalo. No es necesaria para nuestra salvación". Me vi a mí mismo diciendo, en esta visión, que el Rapto no es una doctrina de "tómalo o déjalo", sino que es absolutamente indispensable que creamos en el Rapto.

Estaba diciendo que creer en el Rapto apunta directamente al punto de nuestra salvación, ya que no creer en el Rapto niega la esencia misma del Evangelio. El nacimiento de Jesucristo, su vida, su crucifixión, su entierro, su resurrección, su ascensión y su regreso son partes necesarias de nuestra salvación. Negar su ascensión es negar su resurrección. Negar su ascensión es negar su regreso. Los dos ángeles que se aparecieron a los discípulos en su ascensión les dijeron (y a nosotros por extensión):

> *Este mismo Jesús, que ha sido tomado de vosotros al cielo, así vendrá como le habéis visto ir al cielo.*
>
> Hechos 1:11

¡BOOM!

Me oí decir en la visión que no creer en el Rapto es peligroso porque Cristo viene por aquellos que lo buscan y que aman su venida. Se supone que debemos clamar día y noche, "Oh Señor, ven pronto" (ver Apocalipsis 22:20). El Rapto debe ser nuestra *"bendita esperanza"* (Tito 2:13), y debemos consolarnos unos a otros con palabras sobre nuestro arrebatamiento (ver 1 Tesalonicenses 4:13-18). Parece que en mi visión me di cuenta del hecho que Dios necesita nuestra fe para provocar en el Cielo para que el Señor regrese. Tal vez necesitemos alguna persecución antes de su regreso para sacudirnos de nuestra comodidad. Recuerda que hubo cuatrocientos años de silencio después de Malaquías antes de que Cristo naciera como un pequeño en Belén. Después de Malaquías, no hubo ningún otro profeta importante hasta Cristo. Al final de los cuatrocientos años de silencio, la situación era muy similar a la de hoy. Muy pocos de los judíos que vivían en esa época creían que el Mesías iba a venir. ¿Qué pasa hoy en día? ¿Encontrará nuestro Señor fe cuando regrese? ¿Encontrará la Fe en ti? ¿Habrás aprendido *Cómo estar listo para el Rapto*?

Capítulo 3

El ADN humano en toda la Biblia

Te conviene leer con atención las siguientes escrituras y dejar que traigan fe a tu espíritu de que Dios está contigo en todo momento. No importa cuánto le falles, Él siempre te está atrayendo de vuelta a Él. Por ejemplo, ten consuelo en el siguiente pasaje de las escrituras del Salmo 139, y nunca dejes de servir al único y verdadero Amante de tu alma, un Dios que en su sabiduría puso en las Escrituras conceptos que no serían entendidos durante siglos después de haber sido escritos:

Oh Jehová, tú me has examinado y conocido.
Tú has conocido mi sentarme y mi levantarme,
Has entendido desde lejos mis pensamientos.
Mi senda y mi acostarme has rodeado,
Y estás impuesto en todos mis caminos.
Pues aún no está la palabra en mi lengua,

Y he aquí, oh Jehová, tú la sabes toda.
Detrás y delante me guarneciste,
Y sobre mí pusiste tu mano.
Más maravillosa es la ciencia que mi capacidad;
Alta es, no puedo comprenderla.
¿Adónde me iré de tu espíritu?
¿Y adónde huiré de tu presencia?
Si subiere a los cielos, allí estás tú:
Y si en abismo hiciere mi estrado, he aquí allí tú estás.
Si tomare las alas del alba,
Y habitaré en el extremo de la mar,
Aun allí me guiará tu mano,
Y me asirá tu diestra.
Si dijere: Ciertamente las tinieblas me encubrirán;
Aun la noche resplandecerá tocante a mí.
Aun las tinieblas no encubren de ti,
Y la noche resplandece como el día:
Lo mismo te son las tinieblas que la luz.

Salmos 139:1-12

Fíjate en los siguientes cinco versículos:

Porque tú poseíste mis riñones; me cubriste en el vientre de mi madre.
Te alabaré, porque he sido hecho de manera maravillosa y admirable;
Maravillosas son tus obras, y eso lo sabe bien mi alma.
No se te ocultó mi sustancia, cuando fui hecho en

secreto, y labrado curiosamente en las partes más bajas de la tierra.
Tus ojos vieron mi sustancia, siendo aún imperfecta; y en tu libro fueron escritos todos mis miembros, que en la continuidad fueron formados, cuando aún no había ninguno de ellos.
¡Cuán preciosos son para mí tus pensamientos, oh Dios!
¡Cuán grande es la suma de ellos! Salmos 139:13-17

Fíjate especialmente en el versículo 16: "*... y en tu libro fueron escritos todos mis miembros, que en la continuidad fueron formados, cuando aún no había ninguno de ellos*". La redacción que se encuentra aquí es pura inspiración de Dios. Científicamente, esta redacción no podría ser más perfecta, aunque el conocimiento del ácido desoxirribonucleico (ADN) humano no se descubriría hasta dentro de más de mil años. En cada célula de nuestro cuerpo está escrita cada faceta de nuestro ser físico. ¡Se dice que en nuestro ADN está escrito el codón de la vida! Cada célula de nuestro cuerpo tiene la misma cadena idéntica de ADN, que, si se extendiera en una línea larga, tendría aproximadamente de seis a siete metros de largo. Es como un complejo Código Morse que, si se leyera en su totalidad, se necesitarían numerosos volúmenes de libros para traducirlo.

El hombre fue creado por Dios, formado del polvo de la tierra y hecho a su imagen y semejanza. Fue la culminación de toda la creación de Dios, con la capacidad de procrear. Definitivamente, no era una forma de vida más, sino un ser humano único que tenía cuerpo, alma y espíritu.

La capacidad de procrear del hombre y la orden de Dios de que procreara producirían una descendencia mucho mayor que los ángeles. El deseo y la voluntad de Dios era que el hombre alcanzara su potencial y capacidad para gobernar y reinar un día con su Hijo Jesucristo.

Desde un punto de vista científico, todos los organismos vivos tienen el codón de la vida que, de nuevo, ha llegado a conocerse como ADN. Desde la vida vegetal hasta la humana, todos los seres vivos tienen ADN en cada célula física.

El genoma del mono Rhesus revela similitudes de ADN con los chimpancés y los humanos. Los científicos han descifrado el genoma del mono macaco rhesus y lo han comparado con los genomas de los seres humanos y de sus parientes vivos más cercanos, los chimpancés, revelando que las tres especies de primates comparten aproximadamente el noventa y tres por ciento del mismo ADN.

No quiero enredarme aquí en la investigación científica, pero me gustaría señalar que los seres humanos tienen cuarenta y seis cromosomas, y el mono Rhesus y los simios tienen cuarenta y ocho. También es interesante señalar que hay otros animales que también tienen cuarenta y seis cromosomas, como el antílope sable y el muntíaco de Reeves. Adicionalmente, debo decir aquí que el número de cromosomas no determina el aspecto de un animal, sino que la disposición de los genomas específicos en cada línea de la escalera del ADN determina si somos humanos o algún tipo de animal. Entonces, ¿qué es lo que nos convierte en algo más que seres humanos físicos?

Evidentemente, no se trata solamente de tener un determinado número de cromosomas. Nosotros, a diferencia de otras criaturas, estamos hechos a la propia semejanza de Dios. Tenemos un cuerpo, un alma y un espíritu. En el próximo capítulo, veremos cómo el espíritu del hombre lo distingue de todos los demás aspectos de la creación de Dios. Y recuerde, nuestro enfoque en todo esto es *Cómo estar listo para el Rapto.*

Capítulo 4

El espíritu del hombre lo distingue

El espíritu es un factor único que siempre debe ser considerado en esta discusión. Lo llamo "el factor espíritu". Dios hizo al hombre a su imagen y semejanza. Hizo al hombre como cuerpo, alma y espíritu. Lo que hace al ser humano diferente de los animales es este factor del espíritu. El espíritu del hombre le da una inteligencia que se puede ver en la luz de sus ojos. La Palabra de Dios dice:

> *La lámpara del cuerpo es el ojo; cuando tu ojo es bueno, también todo tu cuerpo está lleno de luz; pero cuando tu ojo es maligno, también tu cuerpo está en tinieblas. Mira pues, no suceda que la luz que en ti hay, sea tinieblas. Así que, si todo tu cuerpo está lleno de luz, no teniendo parte alguna de tinieblas, será todo luminoso, como cuando una lámpara te alumbra con su resplandor.* Lucas 11:34-36

El factor espíritu no puede verse en el ADN, los cromosomas o los genes, pero la estructura del ADN en la piel humana permite que resuene y refleje la gloria de Dios. La piel de ningún otro animal en la tierra tiene esta capacidad. Los animales tienen cuerpo y alma, pero no espíritu. Por lo tanto, ¡el hombre no es un animal!

La Palabra dice, en referencia a la muerte del hombre:

> *y el polvo vuelva a la tierra, como era, y el espíritu vuelva a Dios que lo dio.* Eclesiastés 12:7

El ser humano es un alma viva, y vivimos en un cuerpo.

La Biblia dice de Jesús

> *Aquél era la Luz verdadera, que alumbra a todo hombre que viene a este mundo.* Juan 1:9

Al morir, el alma y el espíritu de un hombre redimido van al cielo. Nuestro espíritu es la parte de nosotros que conoce a Dios. Muchos predicadores han dicho: "Todo hombre tiene un vacío del tamaño de Dios en su vida". Discrepo de los que predican que el hombre es un espíritu, que vive en un cuerpo y que tiene un alma. Somos almas vivas que viven en un cuerpo, y tenemos un espíritu. Nuestro espíritu es la parte de nosotros que conoce a Dios.

Está escrito:

El espíritu del hombre es una luz del Señor, que escudriña lo más íntimo del vientre.
Proverbios 20:27, Versión Septuaginta

La palabra para *vientre* en el hebreo podría traducirse como "habitaciones o cámaras del corazón". Observe lo que dijo Jesús en Mateo 6:23:

Mas si tu ojo fuere maligno, todo tu cuerpo estará en oscuridad. Así que, si la luz que hay en ti es tinieblas, ¿cuánto más lo serán las mismas tinieblas?

Y observen Lucas 11:36:

Así que, si todo tu cuerpo está lleno de luz, no teniendo parte alguna de tinieblas, será todo luminoso, como cuando una lámpara con su resplandor te alumbra.

Creo que cuando Adán y Eva pecaron en el jardín del Edén, la luz de Dios dentro de ellos se apagó. Hasta entonces, todo su ser irradiaba la gloria de Dios. Ningún hombre podía ver su desnudez porque llevaban la luz de la gloria de Dios, igual que cuando Moisés bajó de la montaña habiendo estado en la presencia de Dios. Ningún hombre podía mirarlo ese día porque su piel irradiaba la gloria de Dios, el mismo vestido hecho de la gloria de Dios que llevaremos cuando seamos cambiados en un momento, en un abrir y cerrar de ojos.

Cuando el corazón humano se convierte, la luz de Dios es encendida de nuevo en nuestros corazones, y cuando pasamos tiempo en su presencia, nuestro semblante comienza a brillar con su gloria.

BOOM!

Cuando el don del discernimiento de espíritus se encendió en mi corazón, noté que los ojos de muchos cristianos eran claros, pero los ojos de otros cristianos tenían partes parcialmente oscuras. No entendí esta diferencia hasta que el Espíritu Santo me enseñó estas escrituras. Creo que los ministros que no entienden estas dos escrituras no son conscientes de que puedes ser un cristiano y todavía necesitar liberación en áreas de tu vida (o habitaciones en tu corazón) que no están completamente consagradas al Señorío de Jesucristo.

Permítanme decir aquí que, si un ser humano muere y no conoce a Jesús, su alma irá al infierno, pero la parte de él que conoció a Dios (su espíritu) volverá a Dios que se lo dio. La parte más preciosa de la humanidad es la parte que conoce a Dios.

Antes de que Satanás fuera expulsado del Cielo, era perfecto en todos sus caminos... hasta que se encontró iniquidad en él. Alzándose en orgullo, dijo: *"Subiré a lo alto; pondré mi trono por encima del trono de Dios, seré como Dios"* (ver Isaías 14:13-14). Pero Satanás nunca podría ser como Dios porque no se le dio el libre albedrío y la libre elección. Aunque era un ser muy inteligente, Satanás no fue hecho con cuerpo, alma y espíritu. Solo tiene cuerpo y alma.

La distinción más importante fue el hecho de que Satanás cayó sin ser tentado. Cuando cayó, Dios pudo entonces hacer al hombre a su imagen y semejanza con libre albedrío y libre elección. Satanás fue el tentador. Para horror de Satanás, observó cómo Dios se inclinaba y comenzaba a moldear del barro de la tierra al hombre a su imagen y semejanza.

Sin embargo, cuando Dios amorosamente comenzó a alzar a este nuevo ser y a soplar en su boca formada de barro, y este comenzó a convertirse en carne, Satanás se dio cuenta de que no era exactamente la forma en que todos los ángeles creados habían sido producidos en tiempos pasados.

Había algo diferente en esta nueva creación. Había algo especial en la forma en que Dios estaba mostrando honor, amor y respeto a este nuevo hombre. Muy pronto se hizo evidente para Satanás que las responsabilidades y los privilegios otorgados a este nuevo hombre, al que Dios llamó Adán, (como la tarea de dar nombre a todos los animales) lo convertían en todo lo que Satanás había querido ser pero no era. El hombre era como Dios: cuerpo, alma y espíritu.

La afrenta final a Satanás llegó unos días más tarde, cuando Dios puso amorosamente al hombre a dormir y comenzó a re-hacerlo en el área alrededor de sus costillas y alrededor del asiento de su alma y moldeó de él un segundo ser. De este modo, Dios hizo una pareja y una compañera para el hombre. Esto debió llenar de rabia a Satanás, sabiendo que todos los ángeles fueron hechos a imagen y semejanza del varón, y que Dios nunca les había hecho una compañera. Es fácil ver por qué Satanás odia la unidad familiar. ¡Dios estaba diseñando una compañera específicamente para este nuevo hombre que tanto amaba!

¡BOOM!

En todo esto, no olvides nuestro tema. Este libro no tiene el propósito de crear otro argumento para dividir aún más la cristiandad. Es para mostrarte *Cómo estar listo para el Rapto.*

Capítulo 5

¿Qué ocurrió realmente en la caída del hombre?

Satanás no perdió tiempo en maquinar para estropear la relación que Dios tenía con estas dos nuevas creaciones perfectas. Sabiendo cuán importante es el orden para Dios, Satanás se dispuso a posicionarse en el único punto de toda la tierra donde Adán y Eva podrían desobedecer a Dios. Se puso al acecho en el árbol de la ciencia del bien y del mal, con la intención de burlar la cadena de responsabilidad que Dios había establecido desde el principio.

El Nuevo Testamento dice que Adán fue hecho primero. La mujer fue formada y moldeada para ser el complemento del hombre, su ayuda, su crianza y su amante. Ella era todo lo que él necesitaba para sentirse realizado como el hombre elegido, formado y moldeado por Dios, para cuidar el jardín más hermoso de la tierra. Dios lo había hecho únicamente para ellos dos. En el transcurso de la historia, Adán y Eva vinieron al único árbol del que no se les permitía participar.

Fue entonces cuando Satanás le habló directamente a Eva (en vez de a Adán). Lo triste es que funcionó. Satanás, que era el más sutil de toda la creación de Dios, había conseguido burlar con éxito la cadena de responsabilidad establecida por Dios, y lo hizo simplemente dirigiéndose a Eva directamente.

Cuando Eva se vio así enfrentada, Adán no la protegió, y ella no se sometió a él. No me cabe duda que, mientras ella hablaba con Satanás, ojeaba a Adán. Podía ver que él estaba tan interesado en la fruta prohibida como ella.

Si Adán hubiera detenido esta conversación, incluso después de que Eva hubiera comido del fruto prohibido, podría haberla redimido. Pero en el momento en que ambos participaron de esa fruta, toda la humanidad perdió la luz de Dios en ellos. Esto debió ocurrir antes de que tuvieran hijos. Si hubieran tenido hijos antes de comer del fruto prohibido, entonces uno de sus hijos podría haber muerto por este pecado. De lo contrario, sus hijos habrían nacido sin pecado.

¡BOOM!

Dios había dicho, Dios había dicho, *"El día que comáis del fruto prohibido, moriréis"*. No murieron físicamente ese día, pero sí murieron espiritualmente.

Dios dijo que Satanás era el más astuto de todas las creaciones, pero no fue muy astuto en lo que dijo. Literalmente llamó a Dios mentiroso. Léalo usted mismo:

Y la serpiente dijo a la mujer: No moriréis, porque Dios sabe que el día que comáis de ella, se os abrirán los ojos, y seréis como dioses, conociendo el bien y el mal. Génesis 3:4-5

Eva comió el fruto y se lo dio a su marido quien estaba con ella, y él también comió. La sutileza no estaba en lo que dijo Satanás, sino a quién se lo dijo. El Nuevo Testamento dice que la mujer fue engañada, pero el hombre se rebeló a propósito.

Pablo escribió en 1 Timoteo 2:14:

Y Adán no fue engañado, pero la mujer, siendo engañada, estaba en la transgresión.

¡BOOM!

El hombre cometió alta traición contra Dios. Él estaba allí justo al lado de Eva, sin embargo no interrumpió la conversación entre ella y el diablo. Sin embargo, en Génesis 3, donde Dios culpó a Satanás, le dijo:

Por haber hecho esto... pondré enemistad entre tú y la mujer, y entre tu simiente y la de ella; ésta te herirá en la cabeza, y tú le herirás en el calcañar. Génesis 3:14-15

Es bastante evidente que Eva sabía exactamente lo que Dios estaba diciéndole a Satanás en Génesis 3:14-15. En Génesis 4:1 la Biblia dice: *"Conoció Adán a su mujer Eva, la cual concibió y dio a luz a Caín, y dijo: Por voluntad de Jehová he adquirido varón."*

Después de que Caín mató a Abel, la Biblia dice en Génesis 4:25: *"Y conoció de nuevo Adam a su mujer, la cual parió un hijo, y llamó su nombre Set: Porque Dios (dijo ella) me ha sustituido otra simiente en lugar de Abel, a quien mató Caín"* (RVR1909).

Eva sabía claramente lo que Dios quería decir cuando le dijo a Satanás: "La simiente de la mujer heriría la cabeza de Satanás". Ella sabía que Set tenía el potencial de ser parte del linaje que traería la destrucción de Satanás y el cumplimiento de Génesis 3: 15.

¿Qué quiso decir Dios con la *"simiente"* de la mujer? La mujer no tiene semilla. Solamente tiene óvulos. El óvulo de la mujer tiene veintitrés cromosomas, y el esperma del hombre tiene veintitrés cromosomas, formando entre ambos los cuarenta y seis cromosomas de la naturaleza humana. ¡Qué declaración tan insólita le hizo Dios a Satanás! Muchos teólogos parecen no ser conscientes del hecho de que Dios tuvo que poner un óvulo fecundado en María. Él formó tanto el óvulo como el esperma, los unió y los colocó juntos en su vientre.

Si Dios hubiera utilizado el óvulo de María, Jesús habría nacido en pecado, al igual que todos los demás niños que vinieron después de Adán. Veintitrés cromosomas de la sangre de Jesús habrían sido de María, y la sangre de Jesús habría estado contaminada con su pecado. Gracias a Dios, la sangre de Jesús era cien por cien de su Padre, Dios.

Dios puso en el vientre de María un óvulo fecundado. El óvulo y el esperma eran ambos de Dios. Esta fue la primera fecundación *in vitro* del mundo, y se realizó cuando el Espíritu Santo cubrió a María. Por eso, Dios dijo que la

Semilla de la mujer heriría la cabeza de Satanás. Fue la Semilla (Jesús) que Dios dio a través de la mujer.

> *Por lo cual, entrando en el mundo, dice: sacrificio y ofrenda no quisiste; Mas me preparaste cuerpo. ... Entonces dije: He aquí que vengo (en la cabecera del libro está escrito de mí) para hacer, oh Dios, tu voluntad.* Hebreos 10:5 y 7

Recuerdan las palabras del ángel, cuando informó a María que daría a luz a Jesús:

> *Y respondiendo el ángel le dijo: El Espíritu Santo vendrá sobre ti, y el poder del Altísimo te cubrirá con su sombra; por lo cual también lo Santo que de ti nacerá, será llamado el Hijo de Dios.* Lucas 1:35

Allí estaba Él: totalmente Dios y, sin embargo, totalmente hombre. Así, el Verbo se había hecho carne y comenzó a habitar entre nosotros. Dios no culpa a la mujer. Le asigna dificultades, pero no la culpa. Nunca le dijo a la mujer: "A causa de ...". En el hombre, Él sí pone la culpa:

> *Y al hombre dijo: Por cuanto obedeciste a la voz de tu esposa, y comiste del árbol de que te mandé, diciendo: No comerás de él; maldita será la tierra por tu causa; con dolor comerás de ella todos los días de tu vida; espinos y cardos te producirá, y comerás plantas del campo. Con el sudor de tu*

rostro comerás el pan hasta que vuelvas a la tierra, porque de ella fuiste tomado; pues polvo eres, y al polvo volverás.

Génesis 3:17-19

Observe que, en esencia, Dios le estaba diciendo a Adán: "No conservaste tu lugar de responsabilidad. En cambio, te sometiste a la voz de tu mujer". Podría dedicar muchas páginas para hablar de este asunto de la abdicación del hombre en la cadena de responsabilidad, pero lo que estoy tratando de abordar aquí es lo que creo que es la verdad bíblica más importante del tiempo del fin. Es una que creo que sólo ha sido desvelada recientemente. La verdad que discuto en el próximo capítulo revela la amenaza de Satanás contra el ADN de la humanidad. Dios le dijo a Satanás que la Semilla de la mujer le heriría la cabeza. Apenas tres capítulos después, Satanás ya había implementado un plan para destruir la Semilla de la mujer, y su objetivo era destruir el ADN de la humanidad. La batalla de los siglos se puso en marcha.

A medida que profundizamos en esta próxima verdad, tenga en cuenta el propósito de este libro, para mostrar a los hombres y mujeres de todo el mundo *Cómo estar listo para el Rapto.*

Capítulo 6

La batalla de las edades
(Protegiendo el ADN de la humanidad)

Satanás inmediatamente se puso a trabajar influenciando a sus ángeles caídos para que se casaran con las mujeres de la tierra. Note cuan rápidamente el ADN de la humanidad fue contaminado:

> *Y aconteció que cuando comenzaron los hombres a multiplicarse sobre la faz de la tierra, y les nacieron hijas, viendo los hijos de Dios que las hijas de los hombres eran hermosas, se tomaron mujeres, escogiendo entre todas. Y dijo Jehová: No contenderá mi Espíritu con el hombre para siempre, porque ciertamente él es carne; mas serán sus días ciento veinte años.*
> *Había gigantes en la tierra en aquellos días, y también después que entraron los hijos de Dios a las hijas de los hombres, y les engendraron hijos: Éstos fueron los valientes que desde la antigüedad fueron varones de renombre. Y vio Jehová que la maldad de los hombres*

era mucha en la tierra, y que todo designio de los pensamientos del corazón de ellos era de continuo solamente el mal. Y se arrepintió Jehová de haber hecho hombre en la tierra, y le pesó en su corazón. Y dijo Jehová: Raeré de sobre la faz de la tierra, a los hombres que he creado, desde el hombre hasta la bestia, y hasta el reptil y las aves del cielo, porque me arrepiento de haberlos hecho. Pero Noé halló gracia en los ojos de Jehová.
Éstas son las generaciones de Noé: Noé, varón justo, perfecto fue en sus generaciones; con Dios caminó Noé.
Génesis 6:1-9

¿Qué pudo haber sucedido a la humanidad que?: *"Vio Dios que la maldad del hombre era mucha en la tierra, y que* ***todo designio de los pensamientos del corazón de ellos era de continuo solamente al mal"*** (versículo 5). Satanás había descubierto que, si no quería que la Semilla de la mujer le hiriera la cabeza, tenía que manchar la Semilla de la mujer. El hecho que Dios dijera del hombre: ***"todo designio de los pensamientos de su corazón era de continuo solamente al mal"*** es una señal que el ADN del hombre había sido cambiado de alguna manera!

Si yo pusiera en fila a mil personas en cualquier parte del planeta tierra hoy en día, seguramente no habría más de un cinco o diez por ciento de ellos cuya imaginación fuera continuamente mala. La mayoría de los hombres de este planeta no están totalmente motivados por el mal. Algo debió de haber sucedido para que toda la tierra llegara a un estado mental tan depravado que toda la humanidad tuvo que ser destruida. ¡Esto fue una toma sobrenatural del ADN del hombre por Satanás!

Note de nuevo el verso 8, donde las Escrituras registran: *"Pero Noé encontró gracia en los ojos del Señor"*. ¿Por qué Noé encontró gracia ante los ojos del Señor? Porque era ***"perfecto en sus generaciones"*** (versículo 9). ¿Pero qué significa eso? Nadie puede ser perfecto en todas sus generaciones. No tiene sentido. No es lógico. Tal vez un hombre podría ser perfecto en una generación, pero no en tantas generaciones. Puede que yo viva hasta los ochenta años, pero soy de la generación de los años cincuenta. Una generación, en la Biblia, es de cuarenta a cincuenta años.

La palabra *perfecto* tiene la connotación y definición de ser "completo" o "puro". Entonces, la Biblia está diciendo que Noé fue puro en todas sus generaciones. En otras palabras, Dios lo eligió, no sólo porque era un hombre bueno (justo o recto), sino, sobre todo, porque el linaje de su ADN no había sido contaminado por el emparejamiento de los ángeles caídos con la raza humana. Su ADN era puro hasta Adán. La Palabra de Dios dice, en Judas 1:6:

> *Y a los ángeles que no guardaron su dignidad, sino que dejaron su propia habitación, los ha reservado bajo*

oscuridad en cadenas eternas para el juicio del gran día.

Noé era un ser humano al ciento por ciento, no mitad humano y mitad espíritu.

Como se ha señalado, Satanás estaba claramente tratando de alterar el ADN de la humanidad, para evitar que la Semilla de la mujer le hiriera la cabeza. ¡Y casi lo consigue! Solo ocho sobrevivieron al diluvio.

¡BOOM!

¿Era Dios un monstruo malvado, o debía purgar casi a toda carne de la tierra para asegurar la raza humana, para así poder traer la Semilla de la mujer a la tierra y salvar a toda la humanidad?

¿Había otros humanos en la tierra que tenían ADN puro remontándose hasta Adán? Es posible. Pedro escribió a las iglesias:

> *Porque también Cristo padeció una sola vez por los pecados, el justo por los injustos, para llevarnos a Dios, siendo a la verdad muerto en la carne, pero vivificado por el Espíritu; en el cual también fue y predicó a los espíritus encarcelados; los cuales en tiempo pasado fueron desobedientes, cuando una vez esperaba la paciencia de Dios en los días de Noé, mientras se preparaba el arca; en la cual pocas, es decir, ocho almas fueron salvadas por agua.* 1 Pedro 3:18-20

Es posible que existieran muchas otras almas con un ADN puro que se remontaba a Adán y que no entraron en el arca de Noé y que pudieron arrepentirse cuando las aguas del diluvio comenzaron a subir. Mientras las aguas seguían subiendo, es posible que hayan clamado a Dios, sacrificando animales o cualquier otra cosa que pudiera salvarlos. Cristo pudo haberles predicado cuando descendió al corazón de la tierra durante los tres días y noches después de su muerte.

Debemos recordar que la Ley aún no había sido dada, y el hombre vivía en la Edad de la Conciencia. Solamente Noé encontró gracia ante los ojos del Señor y fue salvo por el agua del diluvio, pero muchos otros podrían no haber escuchado el mensaje del arca. Esto explicaría por qué Jesús predicó a aquellos espíritus que murieron en el diluvio y les dio la oportunidad de aceptar el perdón de Dios. Esto no sería darles una segunda oportunidad para arrepentirse, solo la oportunidad de aceptar el perdón de Dios después de que ya se habían arrepentido.

La mayoría de los cristianos hoy en día no entienden que hay más en la salvación que el arrepentimiento. También debe haber un momento en el que se acepta por la fe el perdón y la seguridad de la salvación.

¡BOOM!

Noé no solo entró en el arca y navegó hasta el Cielo. Fue librado de la muerte para salvar a la raza humana de la destrucción, de modo que Dios pudiera preservar a la humanidad a fin de traer la Semilla de la mujer (nuestro Mesías) a la tierra.

En el proceso, el plan de Satanás para destruir la creación humana y la Semilla de la mujer de la tierra fue frustrado, y Dios comenzó a buscar un hombre con el que pudiera hacer un pacto, con el objetivo de traer la Semilla de la mujer a la tierra.

Así, comenzó otro emocionante capítulo de la historia de la humanidad. ¿Por qué nos interesa todo esto? Porque todo tiene que ver con nuestra salvación y nuestra habilidad para servir a Dios. Más que nada, debido a la época en que vivimos, estamos interesados en *Cómo estar listo para el Rapto.*

CAPÍTULO 7

ENTRA ABRAHAM

Aunque procedía de una ciudad "productora de ídolos", su ADN era totalmente puro hasta llegar a Adán. Dios le dijo a Abraham que su semilla sería como las arenas de la orilla del mar y como las estrellas del cielo. También le dijo que en su simiente serían bendecidas todas las naciones de la tierra.

Como hemos visto, Dios necesitaba cortar un pacto con un hombre para que el hombre pudiera traer su Semilla a la tierra. Dios no tenía sangre en la tierra para ser usada al momento de cortar este pacto, así que le dijo a Abraham:

> *Tráeme una becerra de tres años, y una cabra de tres años, y un carnero de tres años, una tórtola también y un palomino.* Génesis 15:9

Cuando la Semilla de la mujer vino, Él (Cristo) podía entonces cortar un nuevo pacto tanto para Dios como para el hombre a través del derramamiento de su propia sangre.

> *Y le dijo: Yo soy Jehová, que te saqué de Ur de los caldeos, para darte a heredar esta tierra.*
> *Y él respondió: Señor Jehová, ¿en qué conoceré que la he de heredar?*
> *Y le dijo: Tráeme una becerra de tres años, y una cabra de tres años, y un carnero de tres años, una tórtola también, y un palomino. Y tomó él todo esto, y los partió por la mitad, y puso cada mitad una enfrente de la otra; mas no partió las aves. Y descendían aves de rapiña sobre los cuerpos muertos, y Abram las ahuyentaba. Mas a la caída del sol sobrecogió el sueño a Abram, y he aquí que el temor de una grande oscuridad cayó sobre él.*
> Génesis 15:7-12

A continuación, vemos, en Génesis 15, una profecía que abarca los siguientes cuatrocientos años de historia. Fue una de las profecías más importantes de la Palabra de Dios:

> *Entonces Jehová dijo a Abram: Ten por cierto que tu descendencia morará en tierra ajena, y será esclava allí, y será oprimida cuatrocientos años. Mas también a la nación a la cual servirán, juzgaré yo; y después de esto saldrán con gran riqueza. Y tú vendrás a tus padres en paz, y serás sepultado en buena vejez. Y en la cuarta*

generación volverán acá; porque aún no ha llegado a su colmo la maldad del amorreo hasta aquí.
Y sucedió que, puesto el sol, y ya oscurecido, se veía un horno humeando, y una antorcha de fuego que pasaba por entre los animales divididos. Génesis 15:13-17

Note que Dios no sólo identificó el pacto que estaba haciendo con Abraham, sino que también aclaró y registró el título de propiedad de la tierra que estaba dando a la descendencia de Abraham. Al mismo tiempo, tenemos la sorprendente predicción de contra quienes tendrían que luchar los descendientes de Abraham para obtener su herencia. Dios sabía de varias clases de gigantes que los hijos de Israel tendrían que erradicar de la Tierra Prometida, y fue fiel al establecer lo que sucedería durante los siguientes cuatrocientos años.

En aquel día hizo Jehová un pacto con Abram, diciendo: A tu descendencia daré esta tierra, desde el río de Egipto hasta el río grande, el río Éufrates; la tierra de los ceneos, los cenezeos, los cadmoneos, los heteos, los ferezeos, los refaítas, los amorreos, los cananeos, los gergeseos y los jebuseos. Génesis 15:18-21

Debo señalar aquí que, para entender esta escritura, debemos entender quiénes eran realmente estos "eos". La palabra *raphaim* (los refaítas) viene de algo que sucedió en los días de Noé. Eso, de nuevo, fue cuando los ángeles caídos se mezclaron con la raza humana:

> *Muertos son, no vivirán; han fallecido, no resucitarán; porque los castigaste, y destruiste y deshiciste todo su recuerdo.* Isaías 26:14

La palabra *fallecido* en la *Concordancia Strong's* es el número H-7496, que es la palabra rafa. La nota a pie de página de *Strong's* habla de que esta referencia se refiere a los cananeos y a los refaím. Los refaím eran seres del mismo tipo de unión como los de Génesis 6. Los ángeles caídos se entremezclaban con las hijas de los hombres. Isaías dice de los refaím: *"No se levantarán"*.

¡BOOM!

En otras palabras, no hay resurrección para ellos. Dios cortó el pacto con Abraham. Luego le dijo a Abraham que sus descendientes estarían en cautiverio durante cuatrocientos años y que saldrían de ese cautiverio con grandes riquezas. Dios también le mostró a Abraham los límites de la región que le daría a él y a su descendencia.

Satanás escuchó y comprendió que las nuevas fronteras de la contienda serían un área mucho más pequeña. En lugar de todo el mundo, Satanás podría ahora centrarse en un área mucho más pequeña.

Satanás también comprendió que tenía cuatrocientos años para estropear el ADN en esa zona de la tierra.

Originalmente, Satanás no sabía de dónde vendría la Semilla de la mujer que le heriría la cabeza.

Dios preparó a Abraham por unos ochenta años. Lo estaba llevando a un lugar de fe y confianza total debido al intercambio que necesitaría tener con este hombre, con quien necesitaba estar en pacto.

Estar en pacto significa que todo lo que tengo es tuyo, y todo lo que tienes es mío. Un pacto no puede ser hecho a menos que haya un corte de la carne y un intercambio de sangre. Cuando llegó el momento de que Abraham cumpliera su parte del pacto, Dios le exigió sangre de la parte más sensible de su cuerpo. Por lo tanto, Abraham y todos los varones de su casa tuvieron que ser circuncidados:

> *Este es mi pacto, que guardaréis entre mí y vosotros y tu descendencia después de ti: Será circuncidado todo varón de entre vosotros. Circuncidaréis, pues, la carne de vuestro prepucio, y será por señal del pacto entre mí y vosotros. Y de edad de ocho días será circuncidado todo varón entre vosotros por vuestras generaciones; el nacido en casa, y el comprado por dinero a cualquier extranjero, que no fuere de tu linaje. Debe ser circuncidado el nacido en tu casa, y el comprado por tu dinero; y estará mi pacto en vuestra carne por pacto perpetuo. Y el varón incircunciso, el que no hubiere circuncidado la carne de su prepucio, aquella persona será cortada de su pueblo; ha violado mi pacto.*

Dijo también Dios a Abraham: A Sarai tu mujer no la llamarás Sarai, más Sara será su nombre. Y la bendeciré, y también te daré de ella hijo; sí, la bendeciré, y vendrá a ser madre de naciones; reyes de pueblos vendrán de ella. Génesis 17:10-16

Dios también dirigió a Abraham al lugar más sagrado de la tierra y le ordenó que sacrificara a su único hijo en ese mismo lugar. Este lugar se convirtió en el actual Monte del Templo en Jerusalén. Debido a que Abraham estuvo dispuesto a sacrificar a su único hijo, Isaac, entonces el sacrificio de Dios de su único Hijo, Jesús, calificaría como el cumplimiento del corte de un pacto entre Dios y el hombre. Si Abraham no hubiera estado dispuesto a sacrificar a su único hijo, entonces Dios no podría haber sacrificado a su único Hijo como parte de un pacto que hizo con el hombre.

Abraham no sólo estaba en pacto con Dios, sino que también tenía ADN humano puro que se remontaba a Set y Adán. Él iba a sacrificar a Isaac y quemarlo hasta convertirlo en cenizas y luego quedarse allí hasta que Dios sacara a su hijo de esas cenizas y lo regresara completo a su padre.

Por la fe Abraham, cuando fue probado, ofreció a Isaac; y el que había recibido las promesas ofrecía su unigénito, habiéndosele dicho: En Isaac te será llamada descendencia; pensando que Dios es poderoso para levantar aun de entre los muertos, de donde, en sentido figurado, también le volvió a recibir.

Hebreos 11:17-19

Ya que a Abraham se le había prometido que de Isaac se llamaría su descendencia, creyó que incluso después de haber quemado a su hijo hasta las cenizas, Dios, por causa del pacto, tendría que resucitar a Isaac de entre los muertos.

Empezamos a entender por qué Abraham envió a Eliezer donde sus familiares para encontrar una esposa para Isaac. Abraham hizo que Eliezer le jurara que sólo traería una mujer de su linaje, por el bien de la pureza de su descendencia. Lo mismo ocurrió con Jacob. En efecto, Jacob también se casó con el linaje de Abraham.

Ahora, permítanme hacer un paréntesis y terminar la profecía de los cuatrocientos años. Sucedió que cuando Isaac y Jacob crecieron y tuvieron sus propias familias, Satanás presionó para destruir la semilla del pacto enviando una extensa hambruna a la tierra donde vivía Jacob. Jacob tenía muchos hijos, uno de ellos llamado José. La historia de José es bastante complicada, pero lo esencial es que Dios utilizó a José, que fue vendido a la esclavitud por sus propios hermanos y terminó en Egipto, para convertirse en un tipo de Cristo.

A través de muchas circunstancias muy inusuales, José se convirtió en el segundo al mando del Faraón en Egipto. En aquella época, Egipto era una sociedad y una cultura muy perversa. Dios utilizó a Egipto para multiplicar a los hijos de Israel, pero también mantuvo su ADN puro al segregarlos en Gosén, lejos de los propios egipcios. Dios también colocó a los descendientes de Abraham en una posición perfecta, para que cuando salieran de Egipto estuvieran cargados de riquezas.

> *Entonces Jehová dijo a Abram: Ten por cierto que tu simiente morará en tierra ajena, y será esclava allí, y será oprimida cuatrocientos años. Mas también a la nación a la cual servirán, juzgaré yo; y después de esto saldrán con gran riqueza.* Génesis 15:13-14

Note que en el versículo 13, Dios usó la frase *tu simiente*. La batalla de los tiempos era mantener pura la simiente de la humanidad. Más tarde, cuando Jacob, el padre de José, se trasladó a Egipto, Satanás comenzó a darse cuenta de esto. Aunque los descendientes de Abraham tuvieron que huir de la misma tierra que Dios les había prometido, Dios, en su gran destreza, utilizó la astucia de Satanás contra él, aprovechó esta oportunidad para proporcionar una vía de escape a los hijos de Israel de la hambruna que habría destruido la simiente.

Resultó que los descendientes de Abraham se convirtieron en esclavos, tal como Dios había predicho en la profecía dada a Abraham. Dios, en su brillantez, sabía que los hijos de Israel, que criaban vacas y ovejas, nunca serían aceptados por los egipcios, ya que éstos adoraban a las vacas.

Los israelitas no sólo nunca fueron aceptados por los egipcios, sino que además crecieron en número y en fuerza en la aislada tierra de Gosén. Su crecimiento en número y su insistencia en no mezclarse con el pueblo de Egipto los convirtió en una amenaza para los egipcios.

Debido a la cruel esclavitud que experimentaron, el pueblo elegido que Dios estaba levantando eran unas de las personas más aptas de la tierra. Y, debido a su opresión, ¡también eran algunas de las personas más sumisas de la tierra! Eso suena a que Dios tenía un plan y estaba elaborando algo maravilloso. Estaba preparando el camino para la venida de Jesucristo.

¿Por qué es esto importante? Porque, así como Jesús vino la primera vez, Él regresará por aquellos que lo aman. Sí, usted y yo debemos aprender *Cómo estar listo para el Rapto*.

Capítulo 8

Entra Moisés

Al final de los cuatrocientos años, Dios envió a Moisés para liberar a los descendientes de Abraham de la esclavitud egipcia, tal como se había profetizado. Al principio de este período de cuatrocientos años, Satanás, viendo cómo Dios lo había burlado, se ponía a trabajar una vez más para alterar el ADN en la tierra prometida que Dios había dado a Abraham. Ahora podemos entender por qué Dios ordenaría más tarde a los hijos de Israel que destruyeran a todos los hombres, mujeres, niños y niñas y a todos los animales domesticados en todas las ciudades donde los ángeles caídos habían entremezclado su ADN con el de la humanidad.

Esta vez, aparentemente, habían comenzado también a alterar el ADN de la vida vegetal y de los animales dentro de las ciudades que habían contaminado. Esta era la razón por la que se necesitaban dos hombres para llevar un racimo de uvas. Los gigantes se habían introducido de nuevo en la Tierra. ¿No es cierto hoy que el ADN de nuestras semillas está siendo contaminado por la modificación genética?

Como se discutió anteriormente, la Palabra de Dios dice:

> *En aquel día hizo Jehová un pacto con Abram, diciendo: A tu descendencia daré esta tierra, desde el río de Egipto hasta el río grande, el río Eufrates; la tierra de los ceneos, los cenezeos, los admoneos, los heteos, los ferezeos, los refaítas, los amorreos, los cananeos, los gergeseos y los jebuseos.* Génesis 15:18-21

Habiendo leído el Antiguo Testamento, mucha gente ha llegado a la conclusión de que Dios amaba la sangre y la guerra en este entonces, pero Él no era un monstruo genocida que mataba a todo hombre, mujer, niño y animal sólo porque podía hacerlo. La verdad es que, al igual que en los tiempos de Noé, Dios tenía que librar a la tierra prometida de cualquier ADN alterado, que destruiría su plan de levantar un pueblo el cual podría convertirse en una Novia para su Hijo y que podría gobernar y reinar con Jesús. Dios quería una nueva raza de seres, hecha a su imagen y semejanza—cuerpo, alma y espíritu—con libre elección y libre albedrío.

Moisés fue criado, no sólo en las narices de Satanás, sino también en los atrios de un pueblo cuyo ADN estaba claramente contaminado. No entendemos muchas cosas sobre Egipto, pero sí sabemos que sus sacerdotes se movían de forma sobrenatural y poderosa, tanto que fueron capaces de duplicar los primeros milagros que Moisés realizó entre ellos. Egipto era una sociedad muy avanzada, con mayores conocimientos que la mayoría del resto del mundo.

Moisés también nació en una época en la que se suponía que todos los niños hebreos deberían ser ahogados en el río Nilo. Satanás sabía de la profecía, que al final de cuatrocientos años los descendientes de Abraham saldrían de la esclavitud egipcia y regresarían a la tierra prometida. Su plan era destruir a todos los niños hebreos nacidos antes de que esa generación pudiera regresar. Por lo tanto, Satanás se movió en Faraón para que todos los niños hebreos fueran ahogados en el río.

Si se observa la clase gobernante de los faraones, se verá que el recubrimiento de la cabeza alargada era en realidad una forma de disimular el hecho de que eran "cabezas cónicas". En la historia egipcia registrada, la gente común que vivía en Egipto ataba tablas a las cabezas de sus bebés para forzar sus cabezas a ser moldeadas y formadas de manera alargada, para que sus hijos fueran más aceptados por la clase gobernante.

Parece ser que la genética del antiguo Egipto tenía la manera de producir enanos, y no seres gigantescos. Creo que Satanás jugaba con el ADN del hombre de tal manera que producía enanismo. Egipto incluso tenía un dios enano, y los egipcios realmente adoraban a un dios que producía enanos. Es extraño, pero cierto que el faraón más alto sólo medía un metro y medio.

Creo que el pueblo egipcio tenía un ADN que no era puro hasta Adán. Según la Biblia, está muy claro que el ADN de Moisés era puro, ya que nació de padres hebreos.

A lo largo del camino, el pueblo de Israel se encontró con muchas situaciones. La siguiente historia es de las más fascinantes, ya que ilustra de nuevo como Satanás orquestó un plan para destruir la semilla del linaje del Mesías para evitar que viniera al mundo.

Entran Balac y Balaam

Esta es la historia de un rey pagano llamado Balac y un profeta llamado Balaam. El pueblo de Israel estaba llegando al final de sus cuarenta años de travesía por el desierto cuando Balac contrató a Balaam para que los maldijera. Quizá usted recordará que, en esta historia, Dios hizo que un asno hablara y corrigiera a Balaam. Fue entonces cuando Balaam le dijo a Balac que no podía maldecir lo que Dios había bendecido, pero que, si Balac enviaba a sus mujeres a casarse con los hijos de Israel, en un corto período de tiempo, los hijos de Israel atraerían la maldición de Dios sobre sí mismos.

No eran sólo los ídolos y los dioses del enemigo los que maldecirían al pueblo de Israel, sino que, más significativamente, la contaminación del ADN sería lo que más los maldeciría y destruiría el ADN puro de su linaje.

Dios habló, en el libro del Apocalipsis, que esta doctrina de Balaam era realmente fornicación:

> *Pero tengo unas pocas cosas contra ti: que tienes ahí a los que retienen la doctrina de Balaam, que enseñaba a Balac a poner tropiezo ante los hijos de Israel, a comer de cosas sacrificadas a los ídolos, y a cometer fornicación.* Apocalipsis 2:14

¿Podría ser que no fueran los ídolos lo que más preocupara a Dios, sino el pecado de tener hijos con personas que tenían el ADN contaminado? Una vez más, se trataba de la contaminación y la mezcla de la Santa Semilla. Dios quería un pueblo cuya semilla no hubiera sido contaminada por los ángeles caídos. Este incidente ocurrió justo antes de que el pueblo de Israel entrara a la tierra prometida.

El viaje de cuarenta años

Moisés había sacado al pueblo de Israel de la esclavitud egipcia. Después de cuarenta años, llegaron al río Jordán, frente a Jericó. Sin embargo, antes de que pudieran entrar a la tierra prometida, Dios tenía algunos asuntos pendientes con Moisés. Cuando el pueblo de Israel estaba sediento por falta de agua, Dios le dijo a Moisés que golpeara cierta roca, y saldría agua. Moisés golpeó la roca, y aproximadamente tres millones de israelíes pudieron saciar totalmente su sed. La segunda vez que no tenían agua, Dios le dijo a Moisés que hablara a cierta roca y saldría agua. Sin embargo, como Moisés estaba disgustado con el pueblo, no le habló a la roca. Golpeó la roca, como había hecho la primera vez. Debido a esta desobediencia, Dios le dijo a Moisés que no se le permitiría entrar en Canaán (la tierra prometida). Entonces, Dios enterró a Moisés al lado opuesto del río Jordán de la ciudad de Jericó.

Permítame profundizar un poco más en este tema con usted, ya que se trata de un acontecimiento muy especial que puede ser relevante para la futura profecía bíblica (de la cual hablaré más adelante). Así es como la Biblia nos relata la historia:

> *Subió Moisés de los campos de Moab al monte Nebo, a la cumbre del Pisga, que está enfrente de Jericó; y le mostró Jehová toda la tierra de Galaad hasta Dan, todo Neftalí, y la tierra de Efraín y de Manasés, toda la tierra de Judá hasta el mar occidental; el Neguev, y la llanura, la vega de Jericó, ciudad de las palmeras, hasta Zoar. Y le dijo Jehová: Esta es la tierra de que juré a Abraham, a Isaac y a Jacob, diciendo: A tu descendencia la daré. Te he permitido verla con tus ojos, mas no pasarás allá. Y murió allí Moisés siervo de Jehová, en la tierra de Moab, conforme al dicho de Jehová. Y lo enterró en el valle,*

en la tierra de Moab, enfrente de Bet-peor; y ninguno conoce el lugar de su sepultura hasta hoy.

Deuteronomio 34:1-6

Note en estos versículos que Moisés fue enterrado en el Valle de Moab, "frente a Jericó". También, tome nota de que habría sido físicamente imposible para Moisés ver toda la masa de tierra que Dios quería mostrarle, excepto por medio de una experiencia sobrenatural, o visión. ¿Podría ser que Dios lo enterrara en la roca que estaba junto a él y lo colocara en la misma hendidura donde lo había colocado en otra ocasión?

Y dijo aún Jehová: He aquí un lugar junto a mí, y tú estarás sobre la peña; y cuando pase mi gloria, yo te pondré en una hendidura de la peña, y te cubriré con mi mano hasta que haya pasado. Después apartaré mi mano, y verás mis espaldas; mas no se verá mi rostro.

Éxodo 33:21-23

Lo más asombroso es que la roca que estaba cerca de Dios y que fue utilizada para esconder a Moisés y la roca a la que Moisés debía hablar en lugar de golpear era en realidad el propio Jesucristo

¡BOOM!

Y todos bebieron la misma bebida espiritual; porque bebían de la roca espiritual que los seguía, y la roca era Cristo. 1 Corintios 10:4

¿Podría ser que Dios escondiera a Moisés en la Roca, la misma hendidura desde la que había permitido a Moisés ver una parte de su gloria? ¿Podría Dios haber conservado perfectamente su cuerpo y podría ser que por eso no permitiera que Satanás supiera dónde estaba enterrado Moisés? Judas 9 habla de esta verdad:

> *Pero cuando el arcángel Miguel contendía con el diablo, disputando con él por el cuerpo de Moisés, no se atrevió a proferir juicio de maldición contra él, sino que dijo: El Señor te reprenda.* Judas 9

Ampliaré este punto más adelante en el libro. A medida que avanzamos, tenga en cuenta el tema y el propósito del libro, *Cómo estar listo para el Rapto.*

Capítulo 9

Entra Rut

El siguiente punto a considerar es la pregunta: ¿Qué pasa con la pureza del linaje de Cristo, ya que se cree que Rut, su antepasada, procedía de la tierra de Moab y fue llamada "una moabita"? La mayoría de los pastores que no han investigado este tema no conocen los hechos que definen el linaje de la nuera de Noemí. Al investigar este tema, queda claro que Rut, de hecho, era israelita y descendiente de Abraham hasta Adán.

Recordemos que Dios eligió a David para ser rey de Israel, y David era descendiente directo de Rut y Booz. Dios envió al profeta Samuel para ungir a David como rey. No buscaba a alguien con talento, guapo, de gran estatura o bien educado. Él quería un hombre específico que Él mismo había elegido.

Según las Escrituras, sabemos que David no era alto como Saúl. No se habla de que fuera talentoso, educado o cualquier otra cosa que lo hubiera hecho sobresalir, para ser elegido como rey. Nada, es decir, hasta que Samuel le impuso las manos, lo ungió con aceite y profetizó sobre él. Con esto en mente, recuerda los siguientes versículos:

> *Naasón engendró a Salmón, y Salmón engendró a Booz. Booz engendró a Obed, y Obed engendró a Isaí.*
> 1 Crónicas 2:11-12

> *No entrará amonita ni moabita en la congregación de Jehová, ni hasta la décima generación de ellos; no entrarán en la congregación de Jehová para siempre.*
> Deuteronomio 23:3

Permítanme enfatizar: ¡Los descendientes de Moab no podían entrar en el templo sagrado! Si alguien se casaba con un descendiente de Moab, sus descendientes no podían entrar en el templo durante diez generaciones. El pueblo judío podía rastrear su linaje hasta Adán, y habrían sido plenamente conscientes del linaje de David. Si la bisabuela de David hubiera sido moabita, no se le habría permitido entrar en el templo, y al hijo de David, Salomón, el siguiente rey que le siguió, tampoco se le habría permitido entrar en el templo.

¿Qué significa todo esto? Rut, la bisabuela de David, bien pudo haber sido de la tierra de Moab, pero no pudo haber sido del linaje de Moab. Si lo hubiera sido, su ADN habría estado contaminado por el entrecruzamiento de los ángeles caídos con las mujeres. Dios habría sabido esto, y el pueblo también lo habría sabido. Dios no habría permitido ese ADN contaminado en la línea de sangre de Jesús, y el pueblo judío no habría permitido que David fuera su rey o entrara en su templo.

Estoy convencido de que el linaje de Rut no estaba contaminado hasta Adán. Por lo tanto, Jesús puede sentarse en el trono de David, que era descendiente de Rut. No se puede cuestionar la pureza del linaje de Rut.

¿Es todo esto relevante? Lo es, y ya veremos cómo. Mientras tanto, mantenga su enfoque en la necesidad de prepararse para lo que está por venir. Todos debemos saber *Cómo estar listo para el Rapto.*

CAPÍTULO 10

ENTRA SOFONÍAS

Voy a permitirme aquí un desvío para poder comenzar la historia de los tratos de Dios en referencia a la venida de la Semilla de la mujer. Jeremías nació en el 640 a.C., por lo que fue contemporáneo de Sofonías (que escribió su libro en el 624 a.C.). No sabemos el año exacto en que nació Sofonías, pero definitivamente fue un profeta en el mismo período de tiempo que Jeremías.

Sofonías también compartió una palabra profética sobre un tiempo que vendría cuando el Mesías, la Semilla de la mujer, se manifestara. En ese momento, el idioma del cielo será restaurado en la tierra:

Por lo tanto tengan paciencia —dice el Señor—.
Pronto me levantaré y acusaré a esas naciones malvadas.
Pues he decidido reunir a los reinos de la tierra
y descargar mi más feroz ira y furia sobre ellos.

Toda la tierra será consumida
por el fuego de mi celo.
Entonces purificaré el lenguaje de todos los pueblos,
para que todos juntos puedan adorar al Señor.

Sofonías 3:8-9, NTV

BOOM!

¿A qué podría referirse esto sino al lenguaje del cielo? En 1 Corintios 13:1, Pablo escribió esto:

Aunque hable con lenguas humanas o angelicales...

Desde la perspectiva de Dios, sólo hay dos lenguas: las lenguas de los hombres y las lenguas de los ángeles. Sabemos que Dios enseñó a Adán y Eva a hablar. ¿Será que aprendieron la lengua del cielo? Dios confundió la lengua de los hombres en la torre de Babel. Las Escrituras cuentan la historia en Génesis 11:1:

Todos los habitantes del mundo hablaban el mismo idioma y usaban las mismas palabras. (NTV)

Esto fue en el contexto de la construcción de la torre de Babel.

Pero el Señor descendió para ver la ciudad y la torre que estaban construyendo, y dijo: «¡Miren! La gente está unida, y todos hablan el mismo idioma. Después de esto, ¡nada de lo que se propongan hacer les será imposible! Vamos a bajar a confundirlos con diferentes idiomas; así no podrán entenderse unos a otros».

Génesis 11:5-7, NTV

Creo que la lengua que todo el mundo hablaba y entendía en aquella época era la lengua de los ángeles de la que habla Pablo en Primero de Corintios. Es la lengua del cielo y no tiene confusión. Cada idioma del mundo, cada lengua de la humanidad, tiene confusión incorporada. Por ejemplo, en español, cuando decimos la palabra *alto*, la gente no sabría lo que estamos diciendo porque la palabra *alto* tiene algunos significados—elevado, mayor, superior, fuerte, grande. No podemos distinguir a qué se refiere una persona si no es entendiendo el contexto.

Si decimos *alto* (detenerse), esta palabra suena igual que otro uso de la palabra *alto* (estatura), como en la frase "Un hombre alto estaba de pie bajo el rótulo de alto". Los científicos han declarado que el mayor problema de las lenguas de hoy en día proviene de la confusión incorporada a las palabras. Cuando las personas discuten problemas en su trabajo, inevitablemente el mayor problema que tienen es el de la comunicación. Entender al otro no siempre es fácil.

Creo que, en el Génesis 11, cuando Dios le quitó al hombre la capacidad de hablar y entender la lengua del cielo, los hombres ya no pudieron concentrarse en sus proyectos como antes. A Dios le preocupaba su método de comunicación, no la altura de su torre.

En Daniel 5, Belsasar, el rey de Babilonia, celebró una fiesta, y ocurrió algo muy extraño. En un momento dado, apareció una mano escribiendo en la pared. Belsasar pidió una interpretación de la escritura, llamando a todos los sabios de Babilonia para que la tradujeran. Pero no se pudo encontrar a nadie que entendiera lo que decía la escritura. Esto es ... hasta que Daniel fue llamado. Esto indicaría que la escritura no estaba en ningún idioma conocido del mundo.

Daniel tampoco tradujo la escritura. Se refirió a lo que entendió que decía como una "interpretación", no una traducción. Esto es lo que dijo que significaba el mensaje escrito:

> *Y la escritura que trazó es: MENE, MENE, TEKEL, UPARSIN. Esta es la interpretación del asunto: MENE: Contó Dios tu reino, y le ha puesto fin. TEKEL: Pesado has sido en balanza, y fuiste hallado falto. PERES: Tu reino ha sido roto, y dado a los medos y a los persas.* Daniel 5:25-28

¡BOOM!

Hay una gran diferencia entre traducción e interpretación.

El profeta Isaías predijo un día venidero:

Porque en lengua de tartamudos, y en extraña lengua hablará a este pueblo, a los cuales él dijo: Este es el reposo; dad reposo al cansado; y este es el refrigerio; mas no quisieron oír. Isaías 28:11-12

Dijo que el pueblo que rechazara este milagro *"caerían de espaldas, y serían quebrantados, y enlazados, y presos"* (Isaías 28:13, KJVSP). ¿Podría ser que Sofonías viera a Dios devolviendo al hombre una parte de lo que había retirado en la torre de Babel?

Ahora compare Sofonías 3:8-9 con lo que está escrito en Hechos 1 y 2:

Sofonías 3:8 *Esperad en mí, dice el Señor*
Hechos 1:4 *Esperad la promesa del Padre*

Sofonías 3:8 *Mi determinación es reunir a las naciones*
Hechos 2:5 *Moraban en Jerusalén judíos, hombres piadosos, de toda nación bajo el cielo*

Sofonías 3:9 *Yo devolveré al pueblo un lenguaje puro*
Hechos 2:4 *Y fueron todos llenos del Espíritu Santo, y comenzaron a hablar en otras lenguas, según el Espíritu les daba que hablasen.*

Sofonías 3:9 *para que de un consentimiento le sirvan.*
Hechos 2:1 *estaban todos unánimes en un mismo lugar.*

Me he referido a esto porque es un ejemplo de lo que Dios desea para la humanidad. Un día, según muestra la Palabra de Dios, juzgaremos a los ángeles (véase 1 Corintios 6:3). Cuando veamos a Jesús tal como es, nos convertiremos en los hijos manifestados de Dios. Ese es el tiempo del Rapto. Profundizaré en esto más adelante en el libro. Por favor, ¡siga leyendo!

Muchos predican que ya somos los hijos manifestados de Dios, pero me temo que están engañados. Cuando veamos a Jesús, el noventa y tres por ciento de nuestro cerebro y espíritu que hasta ahora sólo hemos usado ligeramente, se encenderá de repente. Tenemos todos los medios para operar en lo sobrenatural, pero a causa de la caída del hombre, debemos someternos al Espíritu Santo para aprovechar ese reino de forma limitada.

Cuando nos rendimos al Espíritu Santo, hablamos misterios a Dios en lenguas, pero no entendemos lo que estamos diciendo ... a menos que nos movamos hacia el don de interpretación de lenguas. Cuando lleguemos al Cielo, hablaremos y entenderemos el lenguaje del cielo tan naturalmente como hablamos y entendemos hoy nuestro lenguaje terrenal nativo.

Para explicar nuestro limitado uso de la capacidad cerebral, quiero referirme a algunas personas inusuales. Llamamos a una persona que exhibe habilidades singularmente brillantes en un área particular un *sabio idiota*. Los científicos no pueden explicar cómo una persona que nunca ha recibido clases de música puede tocar perfectamente Bach o Beethoven. Como tampoco pueden explicar a los individuos que pueden mirar una página llena de números y, sin ningún cálculo aparente, adivinar casi instantáneamente el total de los números de la página. Es como si una parte de su mente se desbloqueara en un área de brillantez que es inaccesible para el resto de nosotros. En mi opinión, estas raras habilidades están latentes en todos nosotros.

Otros ejemplos son los de aquellos que han llegado a la escena de un accidente y, de alguna manera, son capaces de levantar un automóvil o un camión que pesa toneladas para liberar a una persona atrapada. Cuando seamos cambiados, *"en un momento, en un abrir y cerrar de ojos"*, nos moveremos naturalmente en lo que la gente hoy llama lo sobrenatural. El bautismo del Espíritu Santo es el trampolín hacia el reino sobrenatural de Dios. La operación de los dones del Espíritu Santo es como si (de manera muy limitada) nuestras mentes naturales y el Espíritu Santo dentro de nosotros estuvieran en sincronía, para impartirnos lo sobrenatural.

Sofonías profetizó sobre lo que sucedería varios cientos de años después. ¿Por qué iba a rechazar cualquier ser humano lo que dijeron los profetas Isaías, Sofonías y Joel? En tiempos del Nuevo Testamento, Juan escribió:

> *Amados, ahora somos hijos de Dios, y aún no se ha manifestado lo que hemos de ser; pero sabemos que cuando Él apareciere, seremos semejantes a Él, porque le veremos como Él es.* 1 Juan 3:2, RVG

Cuando Jesús regrese en el Rapto, seremos cambiados y podremos hacer lo que Cristo hizo después de su resurrección. Seremos capaces de desaparecer, caminar a través de las paredes, caminar sobre el agua y ser trasladados, para que podamos gobernar y reinar con Él. También podremos hablar la lengua de los ángeles y entender perfectamente lo que decimos. ¡Aleluya! Si eso suena bien para usted, entonces necesita aprender *Cómo estar listo para el Rapto.*

CAPÍTULO 11

ENTRA DANIEL

Parece que, a lo largo de los siglos, Israel siempre ha pasado del arrepentimiento a la complacencia, de la obediencia a la desobediencia, del favor al disfavor de Dios. Por eso, en los días de Jeremías, Dios le dijo al profeta que su pueblo entraría en esclavitud durante setenta años. Durante este terrible período, una vez más, Dios levantó líderes especiales (como Daniel y sus tres amigos hebreos) de la misma manera que levantó a José y a Moisés, para ser una influencia piadosa y traer liberación al linaje especial de la semilla santa. Daniel y sus tres amigos hebreos fueron ordenados por Dios para velar en esta opresión de setenta años.

En Daniel 9, mientras Daniel ayunaba, vestido con tela de cilicio y sentado sobre cenizas, el ángel Gabriel se le apareció y le dio la profecía mesiánica más fenomenal de toda la Biblia. Esta profecía predijo el mismo año en que el Mesías sería *"cortado"*. Gabriel dijo que esto comenzaría cuando se diera la orden de reconstruir Jerusalén. Esta profecía no comenzaría a cumplirse hasta muchos años después. Dios incluso utilizó dos diferentes potentados paganos para poner las cosas en movimiento para el cumplimiento de la profecía.

No tengo suficiente espacio aquí para exponer completamente esta profecía. Sin embargo, diré que la palabra del Señor hablada a Daniel sobre la setenta (o última) semana está a punto de comenzar muy pronto. La semana setenta es lo que los estudiosos de la Biblia llaman "La Gran Tribulación". Trataré de resumir la profecía sin entrar en demasiados detalles:

Daniel 9:24

Setenta semanas están determinadas sobre tu pueblo y sobre tu santa ciudad, para terminar la prevaricación, y poner fin al pecado, y expiar la iniquidad, para traer la justicia perdurable, y sellar la visión y la profecía, y ungir al Santo de los santos.

El calendario de eventos—70 semanas en total: 7 semanas + 62 semanas + 1 semana final—cada semana profética es un período de siete años

Desde la orden de salida de restaurar y edificar (o reconstruir) *Jerusalén hasta el Mesías el Príncipe, habrá siete semanas, y sesenta y dos semanas* (que es un total de sesenta y nueve semanas de años, o 483 años) (ver versículo 25). En *siete semanas* (o 49 años) *se volverá a*

edificar la plaza y el muro, aun en tiempos difíciles (el mismo versículo).

En otras sesenta y dos semanas de años después de que la plaza y los muros sean reconstruidos, el Mesías será cortado. Fue el año en que Jesús fue crucificado.

Pero no por él mismo...

Por el pueblo (versículo 26).

Jesús fue crucificado precisamente al final de la semana sesenta y nueve, tal como el ángel le había dicho a Daniel que sucedería.

Los versículos 26 y 27 hablan de desolaciones. *"El pueblo que vendrá destruirá la ciudad y el santuario"*. La ciudad de Jerusalén fue destruida en el año 70 dC, y el santuario fue destruido junto con ella. Todavía está por venir la semana setenta de años, la semana final de la profecía de Daniel 9.

"Y confirmará el pacto con muchos durante una semana". El Anticristo va a confirmar un pacto con muchos en Israel.

"A la mitad de la semana hará cesar el sacrificio y la ofrenda". A la mitad de esta semana (tres años y medio), el Anticristo hará cesar el sacrificio y la oblación de la tarde.

La mayoría de los maestros de la profecía bíblica creen que a la mitad de la Tribulación el Anticristo entrará en el templo y precipitará un evento que se describe como *"la abominación desoladora"* (Daniel 11:31). A esto se alude en Daniel 9:27 (*"la muchedumbre de abominaciones"*) y también en Daniel 12:11. Jesús también habló de esto en Mateo 24:15 y Marcos 13:14.

Es sorprendente cuando uno se da cuenta de que, según el calendario judío, el tiempo transcurrido desde la orden dada a Nehemías de reconstruir Jerusalén hasta que el Mesías fue crucificado fue exactamente de 483 años. Es comúnmente aceptado que en el libro de Daniel una semana representa siete años. **Siete semanas más 62 semanas = 69 semanas proféticas,** y 69 semanas proféticas por 7 años hacen un total de 483 años.

Llegar a la cifra correcta aquí es complicado por el hecho de que el calendario gregoriano tiene 365 días al año, y el calendario judío solamente tiene 360 días por año, con un mes adicional añadido cada pocos años para compensar la diferencia.

También soy muy consciente de que este cálculo no está perfectamente explicado o justificado aquí. Mi ilustración se presenta simplemente para hacer un punto sobre la secuencia de eventos proféticos. Dios no nos dice las fechas exactas en que comenzará un evento profético, pero tampoco nos deja sin esperanza.

Usted puede ver, en Daniel 12:25, que el ángel del Señor nunca profetizó el año en que nacería el Mesías, pero profetizó el año en que se completaría la redención. ¿No es eso maravilloso? Veo aquí la gracia de Dios manifestándose. Ningún hombre (ni siquiera Satanás) sabría el año en que nacería el Mesías, pero los judíos habrían podido calcular el año exacto en que el Mesías sería cortado debido a esta profecía. Tal vez por eso Ana y Simeón esperaban la llegada del Mesías alrededor del momento del nacimiento real de Jesús (véase Lucas 2).

Nadie sabía el año en que Cristo iba a nacer, pero el año en que iba a ser *"cortado"* había sido profetizado cientos de años antes de su crucifixión. Incluso Caifás, el sumo sacerdote de la época, aludió a esto durante una discusión sobre los milagros que hizo Jesús:

> *Entonces Caifás, uno de ellos, sumo sacerdote aquel año, les dijo: Vosotros no sabéis nada; ni pensáis que nos conviene que un hombre muera por el pueblo, y no que toda la nación perezca. Esto no lo dijo por sí mismo, sino que como era el sumo sacerdote aquel año, profetizó que Jesús había de morir por la nación; y no solamente por la nación, sino también para congregar en uno a los hijos de Dios que estaban dispersos. Así que, desde aquel día acordaron matarle.*
>
> Juan 11:49-53

BOOM!

Es cierto que Caifás era el sumo sacerdote, pero estaba más preocupado por las ramificaciones políticas que por la venida del Mesías. Puede que ni siquiera entendiera que esta profecía de Daniel se refería al Mesías. Lo más importante es que no quería que su posición, la de sumo sacerdote, se viera amenazada por el gobierno romano.

¡Wow! **Se han cumplido las sesenta y nueve semanas, y ahora estamos esperando que comience la semana setenta de Daniel.** Cómo me gustaría escribir en detalle sobre este asunto, pero debo mantenerme centrado en el tema que nos ocupa. Los estudiosos de la Biblia de todo el mundo están de acuerdo en que la semana setenta de Daniel señalará el comienzo de la Gran Tribulación.

Incluso Jesús, en Lucas 4:16-20, después de encontrar un lugar particular de la profecía en Isaías 61:1-2, se detuvo antes de concluir la lectura del versículo 2, dejando fuera la parte que dice: *"el día de la venganza de nuestro Dios"*. Él citó a Isaías:

> *El Espíritu del Señor está sobre mí,*
> *Por cuanto me ha ungido para dar buenas nuevas a los pobres;*
> *Me ha enviado a sanar a los quebrantados de corazón;*
> *a pregonar libertad a los cautivos,*
> *Y vista a los ciegos;*
> *A poner en libertad a los oprimidos;*
> *A predicar el año agradable del Señor.* Lucas 4:18-19

Después de que Jesús leyera este pasaje de Isaías, cerró el libro, se lo dio al rabino y se sentó, declarando: *"Hoy se ha cumplido esta escritura delante de vosotros"* (Lucas 4:21). **Omitió a propósito la referencia a la semana setenta:** *"el día de la venganza de nuestro Dios"*.

Cuando Jesús fue crucificado, se terminó la semana profética número sesenta y nueve. **La semana setenta de Daniel permanecería en espera durante dos mil años, posiblemente hasta nuestros días.**

Daniel leyó en la profecía de Jeremías que los israelitas estarían en cautiverio durante setenta años. Para entonces, él habría sido un hombre muy viejo, posiblemente de ochenta años. Era un joven cuando fue llevado al cautiverio. Fue contemporáneo de Nehemías, Esdras, Ester, Zacarías y Sofonías.

El siguiente pasaje bíblico contiene la historia que Daniel contó sobre el ángel del Señor hablando de las setenta semanas de profecía registradas en el capítulo 9 del libro que lleva su nombre. Más adelante en el libro entraré en mayor detalle sobre esta profecía. Por ahora, quiero citar la profecía completa aquí para que la puedan leer en su totalidad.

> *Aún estaba hablando y orando, y confesando mi pecado y el pecado de mi pueblo Israel, y derramaba mi ruego delante de Jehová mi Dios por el monte santo de mi Dios; aún estaba hablando en oración, cuando el varón Gabriel, a quien había visto en la visión al principio, volando con presteza, vino a mí como a la hora del sacrificio de la tarde. Y me hizo entender, y habló conmigo, diciendo: Daniel, ahora he salido para darte sabiduría y entendimiento. Al principio de tus ruegos fue dada la orden, y yo he venido para enseñártela,*

porque tú eres muy amado. Entiende, pues, la orden, y entiende la visión.
Setenta semanas están determinadas sobre tu pueblo y sobre tu santa ciudad, para terminar la prevaricación, y poner fin al pecado, y expiar la iniquidad, para traer la justicia perdurable, y sellar la visión y la profecía, y ungir al Santo de los santos. Sabe, pues, y entiende, que desde la salida de la orden para restaurar y edificar a Jerusalén hasta el Mesías Príncipe, habrá siete semanas, y sesenta y dos semanas; se volverá a edificar la plaza y el muro en tiempos angustiosos. Y después de las sesenta y dos semanas se quitará la vida al Mesías, mas no por sí; y el pueblo de un príncipe que ha de venir destruirá la ciudad y el santuario; y su fin será con inundación, y hasta el fin de la guerra durarán las devastaciones. Y por otra semana confirmará el pacto con muchos; a la mitad de la semana hará cesar el sacrificio y la ofrenda. Después con la muchedumbre de las abominaciones vendrá el desolador, hasta que venga la consumación, y lo que está determinado se derrame sobre el desolador. Daniel 9:20-27

Muchos estudiosos de la Biblia creen que en Daniel 12, el ángel profetizó el final de la Tribulación. No sabemos cuándo comenzará la Tribulación; sin embargo, el ángel dijo que desde el momento en que la abominación de la desolación se estableciera en el templo hasta el final de la tribulación serían exactamente 1.290 días, o tres años y medio. Una vez más, en tiempos peligrosos, Dios nos da el día en que esos tiempos terminarán. Él nunca nos deja sin esperanza.

Ahora, discutiremos los contemporáneos de Daniel, y mientras lo hacemos, recuerde el enfoque de este libro y deje que Dios le muestre por su Espíritu *Cómo estar listo para el Rapto.*

Capítulo 12

Entran otros tres personajes históricos

Entra Nehemías

No fueron aquellos en altas posiciones religiosas a quienes Dios eligió para iniciar estos eventos y liberar al linaje judío del cautiverio. En cambio, Dios usó a un rey pagano, Artajerjes, para comenzar el reloj profético de las setenta semanas de Daniel. Es entonces cuando Dios le dio a un simple copero judío el favor del gobernante de Babilonia. No fue un profeta, un sacerdote o un líder judío, sino Nehemías, el copero del rey, a quien se le dio el permiso, los recursos y la orden de reconstruir los muros de Jerusalén. Nehemías también llevó una carta escrita por el rey a los gobernadores vecinos diciéndoles que le permitieran hacer este trabajo y que le suministraran los materiales necesarios.

Fue alrededor del año 450 a.C. cuando Nehemías obtuvo el permiso para volver a Jerusalén y reconstruir la ciudad. Fue en ese preciso momento cuando el reloj profético de Dios comenzó a marcar la cuenta regresiva para que naciera la Semilla de la mujer y se completara la redención de la humanidad.

En el proceso del tiempo, cuando Nehemías comenzó a compartir su misión con los gobernadores más allá del río, la palabra de esta misión se filtró a aquellos que fueron asignados por Satanás para mantener la ciudad de Jerusalén en ruinas. Dos hombres, Sanbalat y Tobías, inmediatamente comenzaron a crear problemas a Nehemías. Cuando Nehemías compartió su misión con los líderes judíos, note lo siguiente:

> *Les dije, pues: Vosotros veis el mal en que estamos, que Jerusalén está desierta, y sus puertas consumidas por el fuego; venid, y edifiquemos el muro de Jerusalén, y no estemos más en oprobio. Entonces les declaré cómo la mano de mi Dios había sido buena sobre mí, y asimismo las palabras que el rey me había dicho. Y dijeron: Levantémonos y edifiquemos. Así esforzaron sus manos para bien.*
>
> *Pero cuando lo oyeron Sanbalat horonita, Tobías el siervo amonita, y Gesem el árabe, hicieron escarnio de nosotros, y nos despreciaron, diciendo: ¿Qué es esto que hacéis vosotros? ¿Os rebeláis contra el rey?*
>
> *Y en respuesta les dije: El Dios de los cielos, él nos prosperará, y nosotros sus siervos nos levantaremos y*

edificaremos, porque vosotros no tenéis parte ni derecho ni memoria en Jerusalén. **Nehemías 2:17-20**

Nótese también quiénes eran estos hombres. Eran: Sanbalat, un horonita, Tobías, un amonita, y Gesem, un árabe. No sé quién era el árabe, pero los otros dos eran parte de un pueblo de ADN contaminado controlado por Satanás para impedir un evento muy profético que era necesario para traer al Mesías, que era de ADN totalmente puro hasta Adán.

Entra Esdras

Durante este mismo período, Esdras fue traído por Dios para desafiar a la semilla judía para que se reviviera. Además, ahora veremos por qué Dios exigió que todos los hombres de Israel se deshicieran de sus esposas paganas. Dios nombró específicamente a las mujeres egipcias. También, observe los *"eos e itas"* que se enumeran en Esdras 9:1-2 a continuación. El rey Darío le había dicho a Esdras que regresara a Jerusalén y reconstruyera el templo judío. Esdras reconstruyó el altar, pero no logró reconstruir el resto del templo debido a la resistencia de los habitantes locales. Los habitantes locales estaban contentos de vivir con el statu quo. Sin embargo, cuando Esdras regresó a Jerusalén, pudo abordar un importante problema que afectaba a la sociedad judía. El ADN contaminado, debido a los caminos perversos del pueblo judío, tenía que ser abordado. Esdras escribió:

Acabadas estas cosas, los príncipes vinieron a mí, diciendo: El pueblo de Israel y los sacerdotes y levitas no se han separado de los pueblos de las tierras, de los cananeos, heteos, ferezeos, jebuseos, amonitas, moabitas, egipcios y amorreos, y hacen conforme a sus abominaciones. Porque han tomado de las hijas de ellos para sí y para sus hijos, y el linaje santo ha sido mezclado con los pueblos de las tierras; y la mano de los príncipes y de los gobernadores ha sido la primera en cometer este pecado. **Esdras 9:1-2**

¡BOOM!

Observe que el verso 2 dice que habían mezclado su semilla con la gente de esas tierras. Los hombres de aquella época se pusieron de acuerdo con los ancianos, y se sentaron durante un período de muchas semanas para decidir cómo resolver este asunto. La mayoría de los estudiosos de la Biblia coinciden en que entonces se reunieron con sus esposas extranjeras para divorciarse de ellas y llegar a un acuerdo, de modo que las mujeres pudieran ser enviadas lejos. Así, el asunto quedó concluido, y Dios y su pueblo resolvieron esta situación tan difícil.

Es necesario volver a enfatizar que el verdadero problema era la mezcla de su semilla con mujeres extranjeras, lo que potencialmente introduciría un ADN contaminado en el linaje de Cristo.

Entra Esther: La salvación de la semilla sagrada

No hace falta decir que la historia de Ester es otra

de las historias que muestran cómo Dios protegió la semilla del pueblo judío para la llegada del Mesías. La crónica de los israelitas, a lo largo de la historia, es la historia de Dios preservando la semilla judía que Satanás ha tratado de destruir constantemente. Incluso después de la llegada del Mesías, la nación judía era importante para Dios. Su preocupación no era sólo preservar al pueblo judío, sino también preservar la integridad del Pacto Abrahámico y la Palabra de Dios.

A lo largo de la historia, Satanás ha procurado hacer fracasar la Palabra de Dios. Ha hecho un esfuerzo heroico para destruir al pueblo judío, para evitar que se cumpla Génesis 3:15. Como hemos visto, esta es la batalla de las edades, y el objetivo ha sido (y sigue siendo) la destrucción del ADN puro de la humanidad. Una de las razones por las que creo que hay un Dios es que todavía hay judíos vivos en nuestro mundo, y muchos de ellos. Dios los ha preservado milagrosamente.

El siguiente personaje en el drama de los siglos es Zacarías. Mientras lo estudiamos a él y a su parte en este drama, tengamos en cuenta cuál es nuestro enfoque: *Cómo estar listo para el Rapto.*

Capítulo 13

Entra Zacarías

Una visión inusual de los últimos Días

En algún momento antes del cuarto año del reinado de Darío, el ángel del Señor se le apareció a Zacarías, y tuvieron el siguiente intercambio de palabras:

> *De nuevo alcé mis ojos y miré, y he aquí un rollo que volaba.*
> *Y me dijo: ¿Qué ves? Y respondí: Veo un rollo que vuela, de veinte codos de largo, y diez codos de ancho.*
> *Entonces me dijo: Esta es la maldición que sale sobre la faz de toda la tierra; porque todo aquel que hurta (como está de un lado del rollo) será destruido; y todo aquel que jura falsamente (como está del otro lado del rollo) será destruido. Yo la he hecho salir, dice Jehová de los ejércitos, y vendrá a la casa del ladrón, y a la casa del que jura falsamente en mi nombre; y permanecerá en medio de su casa y la consumirá, con sus maderas y sus piedras.* Zacarías 5:1-4

Una noche fui tomado en el Espíritu y vi esta escritura cobrar vida. Sólo menciono esto porque tiene que ver con la Marca de la Bestia y el ADN de la humanidad. Mi hermano Mike me hizo una pregunta muy interesante una tarde. Mientras reflexionaba sobre su pregunta, vi que Zacarías 5 habría cobrado vida y comprendí cómo esto podía referirse a la Marca de la Bestia.

Mike me había preguntado si había dos pecados imperdonables, y yo le había respondido que sólo hay un pecado imperdonable: ¡la blasfemia contra el Espíritu Santo! Entonces preguntó: "¿Por qué, entonces, si una persona toma la marca en su mano derecha o en la frente, no puede simplemente cortarla o sacarla de su piel y arrepentirse? ¿Por qué el libro del Apocalipsis dice que una vez que una persona recibe la Marca, está condenada para siempre?"

El pasaje al que se refiere está en Apocalipsis 14:

> *Y el tercer ángel los siguió, diciendo a gran voz: Si alguno adora a la bestia y a su imagen, y recibe la marca en su frente o en su mano, él también beberá del vino de la ira de Dios, que ha sido vaciado puro en el cáliz de su ira; y será atormentado con fuego y azufre delante de los santos ángeles y del Cordero; y el humo de su tormento sube por los siglos de los siglos. Y no tienen reposo de día ni de noche los*

que adoran a la bestia y a su imagen, ni nadie que reciba la marca de su nombre.

Apocalipsis 14:9-11

Esta línea de razonamiento de mi hermano me hizo pensar: ¿Por qué no puede una persona quitarse la marca de la bestia y arrepentirse? ¿Podría ser que algo le sucede a una persona cuando toma voluntariamente la Marca? Fue entonces cuando el Espíritu Santo me susurró al oído y me hizo recordar el trato del ángel del Señor con Zacarías en un intercambio muy inusual. Esto es lo que el Espíritu de Dios comenzó a mostrarme:

En Zacarías 5:2, el ángel del Señor le preguntó a Zacarías qué había visto. Zacarías respondió: *"Veo un rollo que vuela; su longitud es de veinte codos, y su anchura de diez codos"*. El "rollo" que Zacarías vio era un pergamino. Tenía quince pies de ancho y treinta de alto, y parecía tener alas. Su tamaño es muy parecido al de los muchos satélites de órbita baja que dan la vuelta a la Tierra hoy en día en el espacio (véase la imagen de la página siguiente).

Hay muchas y diferentes formas de satélites. Algunos parecen un pergamino cuando tienen sus paneles solares extendidos. Son estos paneles solares los que hacen que todos los satélites parezcan tener alas.

Hace varias décadas, Motorola colocó alrededor de la Tierra unos trescientos satélites en órbita baja, para poder cubrir todas las zonas habitadas del planeta. Estos satélites estaban a una altura de entre trescientas y quinientas millas sobre la superficie de la Tierra.

Originalmente, los satélites se habían colocado en órbita a más de 22.000 millas sobre la superficie de la Tierra para que pudieran permanecer en una zona y seguir sincronizados con el giro de la Tierra sobre su eje. Tenían que estar a esa altura para poder permanecer fijos en el espacio exterior y no salir al espacio exterior o caer de nuevo a la Tierra. Era la posición perfecta para que la atracción gravitatoria de la Tierra los mantuviera en una órbita perfecta.

El problema de esta disposición era que una señal tardaba demasiado en recorrer esa distancia y volver a la Tierra. Además, era necesario utilizar una antena parabólica muy grande para recibir la señal desde esa profundidad del espacio. Por ello, los científicos tuvieron la idea de situar los satélites mucho más cerca de la Tierra. De este modo, podrían realizar tareas como el uso del GPS con antenas mucho más pequeñas. Este nuevo plan incluía hacer que los satélites entraran en una órbita terrestre más baja a una velocidad mucho mayor y pasaran las señales de comunicación sin problemas al siguiente satélite disponible. Así se evitaba que se perdiera la información.

En el siguiente dibujo, vea la alineación de los satélites en la órbita terrestre baja (LEO por sus siglas en inglés, Low Earth Orbit).

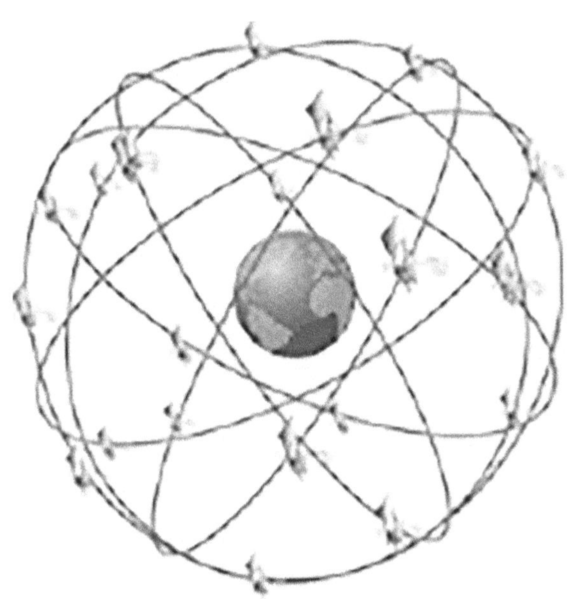

El ángel del Señor dijo a Zacarías:

> *Entonces me dijo: Esta es la maldición que sale sobre la faz de toda la tierra; porque todo aquel que hurta (como está de un lado del rollo) será destruido; y todo aquel que jura falsamente (como está del otro lado del rollo) será destruido.* Zacarías 5:3

Dios me mostró que el actual sistema de satélites será capaz un día, no sólo de rastrear a una persona, sino también de registrar cada lugar al que esa persona haya ido durante un período de muchos días. También, la voz de la persona será grabada y estas grabaciones serán almacenadas por largos periodos de tiempo en un chip o cualquier otro instrumento que sea utilizado en la confección de la Marca de la Bestia. Todo lo que las autoridades tendrán que hacer es escanear la Marca para verificar la ubicación de una persona en un momento dado, por ejemplo, durante un robo.

Además, los satélites grabarán en su Marca cada palabra pronunciada durante al menos los últimos tres o seis meses, de modo que lo que se hable en cualquier escena del crimen podrá ser utilizado como prueba en su contra.

Esto me lleva de nuevo al tema que nos ocupa: el ADN de la humanidad y la obsesión de Satanás por destruirlo. El libro de Apocalipsis es claro que toda persona que tome la Marca de la Bestia será asignada al infierno para siempre.

Y el tercer ángel los siguió, diciendo a gran voz: Si alguno adora a la bestia y a su imagen, y recibe la marca en su frente o en su mano, él también beberá del vino de la ira de Dios, que ha sido vaciado puro en el cáliz de su ira; y será atormentado con fuego y azufre delante de los santos ángeles y del Cordero; y el humo de su tormento sube por los siglos de los siglos. Y no tienen reposo de día ni de noche los que adoran a la bestia y a su imagen, ni nadie que reciba la marca de su nombre.

Apocalipsis 14:9-11

Y vi a la bestia, a los reyes de la tierra y a sus ejércitos, reunidos para guerrear contra el que montaba el caballo, y contra su ejército. Y la bestia fue apresada, y con ella el falso profeta que había hecho delante de ella las señales con las cuales había engañado a los que recibieron la marca de la bestia, y habían adorado su imagen. Estos dos fueron lanzados vivos dentro de un lago de fuego que arde con azufre.

Apocalipsis 19:19-20

Siguiendo esta línea de razonamiento, creo que todos los que tomen la Marca de la Bestia tendrían su ADN cambiado en su cuerpo de manera que ya no serían completamente humanos.

¡BOOM!

Si no, ¿por qué no podrían simplemente quitarse el instrumento de la Marca y arrepentirse?

Considere estas palabras clave pronunciadas por Jesús:

> *Como fue en los días de Noé, así también será en los días del Hijo del Hombre. Comían, bebían, se casaban y se daban en casamiento, hasta el día en que entró Noé en el arca, y vino el diluvio y los destruyó a todos.*
> Lucas 17:26-27

¿Quién se casaba en los días de Noé? Los ángeles caídos se estaban entremezclando con la raza humana para destruir el ADN de la humanidad, en un esfuerzo por evitar que la Semilla de la mujer hiriera la cabeza de Satanás. Jesús estaba diciendo: "Cuando el Hijo del Hombre regrese, habrá otro intento de tratar de destruir la semilla de la humanidad".

La Marca de la Bestia hará que todos los que la reciban se vuelvan de espíritu nefasto. La gente estará desesperada por destruir el plan de Dios en la Tierra, al igual que los gigantes en el libro del Génesis. Ya que tomar la Marca les impedirá tener acceso al cielo, ¡no tendrán nada que perder!

Recuerda lo que dijo Dios:

> *Y vio Jehová que la maldad de los hombres era mucha en la tierra, y que todo designio de los pensamientos del corazón de ellos era de continuo solamente el mal.*
> Génesis 6:5

Si su ADN es cambiado, serán como los Nefilim (gigantes) que eran seres semiespirituales y fueron descritos como aquellos cuyo pensamiento era *"continuo solamente el mal"*.

¡BOOM!

Para resumir, la Marca de la Bestia tendría que comunicarse con la maldición que va sobre la faz de toda la Tierra para que cada persona que tenga la Marca pueda ser rastreada, su voz grabada, y el ADN de cada persona cambiado, para que ya no sean cien por ciento humanos.

Creo que este cambio en el ADN se presentaría a toda la humanidad como un medio para prolongar su vida entre veinticinco y cincuenta años. Este cambio, se dirá, facilitaría a los médicos la curación de enfermedades a través del ADN de una persona. De hecho, los médicos ya extraen el ADN del corazón de una persona, lo reconstruyen y lo vuelven a colocar en el órgano dañado para reparar el daño. En las noticias no hay una semana en la que no oigamos hablar de alguien que manipula nuestro ADN.

No hace mucho leí que los científicos estaban esperando lanzar la vacuna contra el virus Covid-19 y que ésta crecería en nuestro cuerpo adherida a un hueso cercano al lugar donde se introdujera la vacuna.

¡BOOM!

Esto la haría permanentemente efectiva y evitaría que volviéramos a contraer el virus. No sé si esto es cierto, pero, si algo así es posible, sería fácil ver cómo nuestro ADN podría verse afectado negativamente.

¡BOOM!

¿Qué significa todo esto? Significa que la venida de Jesús está más cerca que nunca y que tú y yo necesitamos aprender *Cómo estar listo para el Rapto.*

CAPÍTULO 14

ENTRA MALAQUÍAS

EL PRONUNCIAMIENTO DE LA MALDICIÓN

Cronológicamente, la profecía de Malaquías viene inmediatamente después de las profecías de Zacarías y Nehemías. Zacarías escribió del 520 al 518 a.C. Nehemías escribió su libro en el 415 a.C. y murió en el 405 a.C. Malaquías nació en el 424 a.C. y escribió su libro hacia el 397 a.C.

En Malaquías 4:5-6, el profeta hizo una de las profecías más profundas jamás escritas. Dijo que *"antes de la llegada del día grande y terrible del Señor"*, Dios enviaría al profeta Elías y volvería los corazones de los padres a los hijos y los corazones de los hijos a los padres *"no sea que [Él] venga y hiera la tierra con una maldición"*. Por esta razón, durante el Séder de la Pascua, los judíos ponen un lugar extra en la mesa para Elías. Ellos creen que cuando él venga, es seguro que el Mesías aparecerá.

A Jesús le preguntaron sobre esta profecía:

Y le preguntaron, diciendo: ¿Por qué dicen los escribas que es necesario que Elías venga primero? Respondiendo él, les dijo: Elías a la verdad vendrá primero, y restaurará todas las cosas; ¿y cómo está escrito del Hijo del Hombre, que padezca mucho y sea tenido en nada? Pero os digo que Elías ya vino, y le hicieron todo lo que quisieron, como está escrito de él. Marcos 9:11-13

Jesús también declaró:

Desde los días de Juan el Bautista hasta ahora, el reino de los cielos sufre violencia, y los violentos lo arrebatan. Porque todos los profetas y la ley profetizaron hasta Juan. Y si queréis recibirlo, él es aquel Elías que había de venir. El que tiene oídos para oír, oiga.
Mateo 11:12-15

Nótese de nuevo los dos últimos versos del Antiguo Testamento:

He aquí, yo os envío el profeta Elías, antes que venga el día de Jehová, grande y terrible. Él hará volver el corazón de los padres hacia los hijos, y el corazón de los hijos hacia los padres, no sea que yo venga y hiera la tierra con maldición. Malaquías 4:5-6

Nos han enseñado toda la vida que estamos bajo la Era de la Gracia, pero Dios llama maldición a este período de tiempo posterior al rechazo de Cristo. Elías vino, y el Sumo Sacerdote lo sabía muy bien. Pero, aun así, la gente a la que Jesús vino primero, su propio pueblo, rechazó este regalo de gracia y amor de su Dios Padre.

Una vez más, quiero referirme a lo que he citado previamente en el libro:

> *Entonces Caifás, uno de ellos, sumo sacerdote aquel año, les dijo: Vosotros no sabéis nada; ni pensáis que nos conviene que un hombre muera por el pueblo, y no que toda la nación perezca. Esto no lo dijo por sí mismo, sino que como era el sumo sacerdote aquel año, profetizó que Jesús había de morir por la nación.*
>
> Juan 11:49-51

La profecía de Daniel era clara en cuanto al año exacto en que el Mesías sería cortado. Sólo a los sacerdotes de la élite se les permitía estudiar el libro de Daniel. Caifás estaba al tanto de la profecía de Daniel 9. Se refería a ella cuando hizo esta declaración. El destino estaba echado, y el rechazo a Jesús se había completado.

En Mateo 27:24-25, cuando Pilato se lavó las manos para simbolizar que era inocente de que Jesús fuera crucificado, los judíos gritaron *"Su sangre sea sobre nosotros y sobre nuestros hijos"* (versículo 25). En ese momento, el mundo abrió realmente la puerta a la Edad

Oscura que comenzó aproximadamente cuatrocientos años después. El Renacimiento no comenzó hasta el siglo XV o XVI. Pero, según Malaquías 4:6, hemos estado bajo una maldición, no bajo la gracia, durante los últimos dos mil años.

Si en el día de Pentecostés los líderes de los judíos hubieran aceptado la predicación de Pedro proclamando a Jesús como el Mesías y se hubieran arrepentido, entonces Dios hubiera podido acortar el tiempo y la Tribulación hubiera podido comenzar. Si eso hubiera ocurrido, al cabo de siete años, la humanidad podría haber estado en el Milenio. Nunca sabremos si eso podría haber ocurrido. Sin embargo, sabemos que estos más de dos mil años fueron escondidos de Satanás porque Pablo escribió:

> *Mas hablamos sabiduría de Dios en misterio, la sabiduría oculta, la cual Dios predestinó antes de los siglos para nuestra gloria, la que ninguno de los príncipes de este siglo conoció; porque si la hubieran conocido, nunca habrían crucificado al Señor de gloria.*
>
> 1 Corintios 2:7-8

¡BOOM!

Aquí Pablo deja claro que Dios ocultó este misterio a Satanás, pues escribió: *"si los príncipes de este mundo lo hubieran sabido, no habrían crucificado al Señor de la gloria"*. Sin embargo, el mundo pasó por un período extremadamente oscuro en el que la Palabra de Dios fue casi destruida de la faz de la Tierra. Se ocultó del hombre común. Los servicios religiosos se celebraban en latín, que sólo los sacerdotes podían entender.

A pesar de la estrategia de Satanás, Dios preservó su Palabra, usando el mismo sistema que Satanás estaba usando para tratar de eliminarla. Así la Palabra de Dios fue salvada. Sí, Dios utilizó a la Iglesia Católica para preservar su Palabra de la misma manera que había cuidado al libertador de Israel, Moisés, delante de las narices del Faraón.

Permítanme tomar un momento y demostrarles que hemos estado en la Era de la Maldición. El hombre no avanzó de manera significativa durante la Edad de la Maldición. Cuando se considera su modo de transporte, permaneció igual durante dos mil años. Sin embargo, sólo en los últimos ciento veinticinco años, hemos hecho avances más allá de los sueños más remotos de la humanidad. Conducimos, volamos y hablamos a larga distancia por teléfono móvil. Tenemos electricidad y emitimos imágenes invisibles por el aire en todo el mundo. Estas imágenes se reciben a través de antenas y son vistas por la gente en sus teléfonos móviles y televisores. Se han hecho tantos avances modernos que si trajeran a George Washington hoy, ¡pensaría que estamos operando en lo sobrenatural!

Alrededor de finales del siglo XIX, creo, empezamos a ver cómo se levanta la maldición. El profeta Joel profetizó: *"En los últimos días, dice Dios, derramaré de mi Espíritu sobre toda carne..."* El avivamiento de la calle Azusa, dirigido por un humilde hombre de origen negro cuyo nombre era William J. Seymour, comenzó a "ver más" que muchos de sus compañeros por el poder del Espíritu Santo. Recibió el bautismo en el Espíritu Santo, y con labios tartamudos y otra lengua, el Espíritu Santo comenzó a hablar a través del hombre nuevamente.

El avivamiento comenzó como un verdadero movimiento interracial, con gente blanca orando por gente negra y gente negra orando por gente blanca. Por alguna razón, en esta época se formaron dos grandes iglesias separadas, la Iglesia de Dios en Cristo y las Asambleas de Dios. Aparte de las connotaciones raciales, era una señal de grandes cosas por venir. Dios se estaba moviendo una vez más entre su pueblo.

¡BOOM!

Una palabra de aliento debe ser colocada aquí para animar al lector. Aunque esta era fue pronunciada por Dios a través de Malaquías como una maldición, todo estaba en su plan. Dios escondió esta era de Satanás, no compartiendo este período de dos mil años con ninguno de sus profetas porque Él necesitaba este tiempo para desarrollar una Novia para su Hijo.

Cuando la Biblia dice que un tercio de las estrellas cayó del Cielo, la mayoría de los eruditos bíblicos interpretan eso como un tercio de los ángeles que cayeron del Cielo, pero Jesús dijo:

He visto a Satanás caer del cielo como un rayo.

Lucas 10:18

La mayoría de los estudiosos de la Biblia creen que Satanás era antes un arcángel y, probablemente, el director de adoración del cielo. Sin embargo, no hay ninguna referencia en la Biblia de que Dios haya reemplazado a esos ángeles caídos. No puedo predicar lo que voy a decir como un hecho, pero permítame compartir un concepto que podría explicar por qué Dios no reemplazó a los ángeles caídos. ¿Es posible que lo que dijo Juan el Bautista, mientras caminaba por la tierra, con respecto a los santos del Antiguo Testamento y todo lo que vino después de la resurrección de Cristo, pueda arrojar luz sobre todo esto? Esto es lo que dijo:

Respondió Juan y dijo: No puede el hombre recibir nada, si no le fuere dado del cielo. Vosotros mismos me sois testigos de que dije: Yo no soy el Cristo, sino que soy enviado delante de él. El que tiene la esposa, es el esposo; mas el amigo del esposo, que está a su lado y le oye, se goza grandemente de la voz del esposo; así pues, este mi gozo está cumplido. Es necesario que él crezca, pero que yo mengüe. Juan 3:27-30

Lo que Juan estaba diciendo es que era amigo del Novio. Apocalipsis 20:6 declara:

Bienaventurado y santo el que tiene parte en la primera resurrección; la segunda muerte no tiene potestad sobre estos, sino que serán sacerdotes de Dios y de Cristo, y reinarán con él mil años. Apocalipsis 20:6

Aquí Juan el Apocalíptico estaba diciendo que todos los que forman parte de la primera resurrección gobernarán con Cristo durante mil años.

Aquí hay más confirmación bíblica:

El Espíritu mismo da testimonio a nuestro espíritu, de que somos hijos de Dios. Y si hijos, también herederos; herederos de Dios y coherederos con Cristo, si es que padecemos juntamente con él, para que juntamente con él seamos glorificados. Pues tengo por cierto que las aflicciones del tiempo presente no son comparables con la gloria venidera que en nosotros ha de manifestarse. Porque el anhelo ardiente de la creación es el aguardar la manifestación de los hijos de Dios.

Romanos 8:16-19

Si somos hijos de Dios, entonces somos herederos de Dios y coherederos con Cristo. Definitivamente somos algo más que personas que se han salvado.

> *Gocémonos y alegrémonos y démosle gloria; porque han llegado las bodas del Cordero, y su esposa se ha preparado. Y a ella se le ha concedido que se vista de lino fino, limpio y resplandeciente; porque el lino fino es las acciones justas de los santos.*
> *Y el ángel me dijo: Escribe: Bienaventurados los que son llamados a la cena de las bodas del Cordero. Y me dijo: Estas son palabras verdaderas de Dios.*
>
> Apocalipsis 19:7-9

Me parece claro que Jesús, que es el Cordero, tendrá una Novia, y habrá una Cena de Bodas, una celebración muy grande preparada por Dios mismo.

Hace unos treinta años un verdadero profeta de Dios me dijo algo que tiene mucho sentido. Dijo que hay tres elementos diferentes que muchos predicadores no quieren abordar en un solo escenario. Jesús será el Novio, y Él es la Cabeza de todas las cosas. Sin embargo, muchos predican que la Iglesia es el Cuerpo de Cristo. Pablo se extendió mucho para hablar de este tema. Luego una semana más tarde predican que nosotros también somos la Esposa de Cristo. ¿Cómo podemos ser el Cuerpo de Cristo y también la Novia de Cristo?

El profeta me dijo entonces que la mayoría de los redimidos formarán parte del Cuerpo de Cristo, pero la Esposa de Cristo debe ser aquellos dentro del Cuerpo que han amado a Jesús más que nada en este mundo, así como Dios hizo una esposa para Adán de su lado, cerca de su corazón y bajo su brazo.

¡BOOM!

Creo que puedo probarte que la Novia no es el Cuerpo de Cristo. Las siguientes escrituras nos dicen claramente quién es la Novia de Cristo:

> *Vino entonces a mí uno de los siete ángeles que tenían las siete copas llenas de las siete plagas postreras, y habló conmigo, diciendo: Ven acá, yo te mostraré la desposada, la esposa del Cordero. Y me llevó en el Espíritu a un monte grande y alto, y me mostró la gran ciudad santa de Jerusalén, que descendía del cielo, de Dios, teniendo la gloria de Dios. Y su fulgor era semejante al de una piedra preciosísima, como piedra de jaspe, diáfana como el cristal. Tenía un muro grande y alto con doce puertas; y en las puertas, doce ángeles, y nombres inscritos, que son los de las doce tribus de los hijos de Israel; al oriente tres puertas; al norte tres puertas; al sur tres puertas; al occidente tres puertas. Y el muro de la ciudad tenía doce cimientos, y sobre ellos los doce nombres de los doce apóstoles del Cordero.*
>
> *El que hablaba conmigo tenía una caña de medir, de oro, para medir la ciudad, sus puertas y su muro. La*

ciudad se halla establecida en cuadro, y su longitud es igual a su anchura; y él midió la ciudad con la caña, doce mil estadios; la longitud, la altura y la anchura de ella son iguales. Y midió su muro, ciento cuarenta y cuatro codos, de medida de hombre, la cual es de ángel. El material de su muro era de jaspe; pero la ciudad era de oro puro, semejante al vidrio limpio; y los cimientos del muro de la ciudad estaban adornados con toda piedra preciosa. El primer cimiento era jaspe; el segundo, zafiro; el tercero, ágata; el cuarto, esmeralda; el quinto, ónice; el sexto, cornalina; el séptimo, crisólito; el octavo, berilo; el noveno, topacio; el décimo, crisopraso; el undécimo, jacinto; el duodécimo, amatista.
Las doce puertas eran doce perlas; cada una de las puertas era una perla. Y la calle de la ciudad era de oro puro, transparente como vidrio. Y no vi en ella templo; porque el Señor Dios Todopoderoso es el templo de ella, y el Cordero. La ciudad no tiene necesidad de sol ni de luna que brillen en ella; porque la gloria de Dios la ilumina, y el Cordero es su lumbrera. Y las naciones que hubieren sido salvas andarán a la luz de ella; y los reyes de la tierra traerán su gloria y honor a ella. Sus puertas nunca serán cerradas de día, pues allí no habrá noche. Y llevarán la gloria y la honra de las naciones a ella. No entrará en ella ninguna cosa inmunda, o que hace abominación y mentira, sino solamente los que están inscritos en el libro de la vida del Cordero.

Apocalipsis 21:9-27

De nuevo, los versículos 9 y 10 dicen:

Vino entonces a mí uno de los siete ángeles que tenían las siete copas llenas de las siete plagas postreras, y habló conmigo, diciendo: Ven acá, yo te mostraré la desposada, la esposa del Cordero. Y me llevó en el Espíritu a un monte grande y alto, y me mostró la gran ciudad santa de Jerusalén, que descendía del cielo, de Dios.

Esto dice muy claramente que la Nueva Jerusalén es la Esposa de Cristo. Los versículos 11-27 describen la ciudad con todo detalle. Está claro que la Novia de Cristo está formada por los ocupantes de la Nueva Jerusalén. Aquí no se menciona ni una sola vez al Cuerpo de Cristo, ¡sólo a la Esposa! El profeta me recordó que cuando se le dijo a Juan que midiera la Nueva Jerusalén, fue porque estaría ocupada por la Esposa de Cristo.

¡BOOM!

Dios tenía un plan para los últimos dos mil años, para el desarrollo de una Novia que pudiera gobernar y reinar con su Hijo, Jesucristo. ¡Alabado sea Dios! Como dije antes, si los poderes de las tinieblas hubieran sabido, no habrían crucificado a Cristo.

Ahora estamos en otro umbral importante. Estos son los últimos días, y Jesús pronto vendrá de nuevo. Por lo tanto, nos corresponde a todos aprender *Cómo estar listo para el Rapto.*

Capítulo 15

Entra Juan el Bautista
(Elías)

Desde hace varios cientos de años, la celebración de la Pascua tiene una nueva tradición implementada en referencia al profeta Elías. Desde que el profeta Malaquías escribió que Elías debía venir *"antes de la llegada del día grande y terrible del Señor"*, el pueblo judío, como hemos señalado, ha dejado un asiento vacío en sus mesas con la esperanza de que Elías se presentara en sus casas para la comida de Pascua.

En el Nuevo Testamento, leemos sobre un sacerdote llamado Zacarías. Parece haber sido un sacerdote ordinario y bastante insignificante, que, según su tiempo en la rotación del calendario de trabajo, fue asignado a servir en el templo. Mientras trabajaba solo en el templo, fue confrontado por el mismo ángel que se le había aparecido a Daniel. Así es, el ángel Gabriel había regresado para revisar los preparativos para la venida del Mesías. La Semilla de la mujer iba a tener un precursor llamado Juan, un hombre que vendría *"en el espíritu y el poder de Elías"* (Lucas 1:17). La profecía de Malaquías se estaba cumpliendo. Mira el resto de esta increíble historia en Lucas 1:5-25.

Gabriel informó a Zacarías de que su esposa pronto tendría un bebe de forma milagrosa, a pesar de que nunca antes había tenido hijos, era demasiado mayor para tenerlos y hacía tiempo que era conocida como una mujer estéril. Gabriel también le dijo que su hijo se llamaría Juan, que no sería el nombre habitual que se le debería haber puesto a su hijo, pues ese nombre no se relacionaba con nadie de su linaje.

El ángel le dijo a Zacarías varias otras cosas inusuales sobre ese hijo que iba a nacer:

> *Pero el ángel le dijo: Zacarías, no temas; porque tu oración ha sido oída, y tu mujer Elisabet te dará a luz un hijo, y llamarás su nombre Juan. Y tendrás gozo y alegría, y muchos se regocijarán de su nacimiento; porque será grande delante de Dios. No beberá vino ni sidra, y* ***será lleno del Espíritu Santo, aun desde el vientre de su madre.*** *Y hará que muchos de los hijos de Israel se conviertan al Señor Dios de ellos. E irá delante de él* ***en el espíritu y el poder de Elías, para hacer volver los corazones de los padres a los hijos, y de los rebeldes a la prudencia de los justos,*** *para preparar al Señor un pueblo bien dispuesto.*
>
> Lucas 1:13-17

Ahí está, la preparación por indicación de Dios, enviando a Gabriel para hacer el anuncio del nacimiento de Juan. Su tarea sería volver los corazones de los padres hacia los hijos. Si no lo lograba, Dios castigaría a la tierra con una maldición. El cumplimiento de la misión dependía de la receptividad del pueblo.

Remitámonos de nuevo a Malaquías 4:6, el último versículo del Antiguo Testamento:

> *Él hará volver el corazón de los padres hacia los hijos, y el corazón de los hijos hacia los padres, no sea que yo venga y hiera la tierra con maldición.*

No era responsabilidad de Juan volver el corazón de los padres o de los hijos. Su responsabilidad era ir delante del Señor Dios (el Mesías) como precursor y declarar su venida. Elías iba a venir, y él estaría lleno del Espíritu Santo desde el vientre de su madre.

¿Y cuál era el mensaje de Juan?

> *Como el pueblo estaba en expectativa, preguntándose todos en sus corazones si acaso Juan sería el Cristo, respondió Juan, diciendo a todos: Yo a la verdad os bautizo en agua; pero viene uno más poderoso que yo, de quien no soy digno de desatar la correa de su calzado; él os bautizará en Espíritu Santo y fuego. Su aventador está en su mano, y limpiará su era, y recogerá el trigo en su granero, y quemará la paja en fuego que nunca*

se apagará. Con estas y otras muchas exhortaciones anunciaba las buenas nuevas al pueblo.

Lucas 3:15-18

Juan predicaba el arrepentimiento y bautizaba al pueblo con un bautismo de arrepentimiento. Su mensaje era fuerte. Proclamó abiertamente que él no era el Mesías, pero que cuando el Mesías viniera, bautizaría al pueblo con el Espíritu Santo y fuego.

El ministerio de Juan creció. Entonces Jesús, antes de ser revelado como el Mesías, llegó a la región donde Juan estaba bautizando a la gente en el río Jordán. Juan levantó la vista y vio a su primo que se acercaba a lo lejos y comenzó a pronunciar dos expresiones proféticas muy importantes:

1.) *"¡He aquí el Cordero de Dios!"*
2.) *"Que quita el pecado del mundo".* Juan 1:29

Estas profundas declaraciones, que Jesús era el Cordero de Dios, y que quita el pecado del mundo, nunca habían sido declaradas antes. Los pecados nunca fueron quitados bajo el Antiguo Pacto. Sólo se cubrían con el derramamiento de la sangre de toros y cabras. Juan estaba anunciando al mundo que los pecados del mundo ya no serían simplemente cubiertos, sino que serían quitados en Cristo.

Jeremías declaró:

Y no enseñará más ninguno a su prójimo, ni ninguno a su hermano, diciendo: Conoce a Jehová; porque todos me conocerán, desde el más pequeño de ellos hasta el más grande, dice Jehová; porque perdonaré la maldad de ellos, y no me acordaré más de su pecado.
Jeremías 31:34

El salmista declaró:

Cuanto está lejos el oriente del occidente, Hizo alejar de nosotros nuestras rebeliones. Salmos 103:12

Además, el anuncio de que Jesús era el Cordero de Dios era una declaración de que Él era realmente el Mesías. Después de siglos de espera, el Mesías no sólo había nacido en el mundo, sino que estaba allí de pie como un hombre de treinta años en medio del pueblo.

Por si fuera poco, Jesús pidió a Juan que lo bautizara, y pronto los cielos se abrirían, y el Padre Dios confirmaría a Jesús como su Hijo:

Y Jesús, después que fue bautizado, subió luego del agua; y he aquí los cielos le fueron abiertos, y vio al Espíritu de Dios que descendía como paloma, y venía sobre él. Y hubo una voz de los cielos, que decía: Este es mi Hijo amado, en quien tengo complacencia. Mateo 3:16-17

Los profetas del Antiguo Testamento habían predicho un día en el que los pecados del pueblo ya no serían recordados en su contra. Hablaron de que llegaría un tiempo en el que nuestras transgresiones se apartarían de nosotros *"tan lejos como el oriente está del occidente"* (Salmos 103:12). En aquella época, nadie había experimentado todavía nada parecido y, por tanto, no podían concebir cómo sería aquello.

El rey David se acercó a la comprensión de este milagro venidero, cuando clamó a Dios en oración:

> *Crea en mí, oh Dios, un corazón limpio,*
> *Y renueva un espíritu recto dentro de mí.*
> *No me eches de delante de ti,*
> *Y no quites de mí tu santo Espíritu.*
>
> Salmos 51:10-11

El Espíritu Santo sólo había venido *sobre* David, pero no se le permitió entrar *en* él. Usted y yo tenemos la bendición de vivir en el día del cumplimiento de estas profecías. Personalmente, no puedo entender cómo la gente puede rechazar la experiencia completa del bautismo del Espíritu Santo. La preciosa llenura del Espíritu Santo es maravillosa. Yo la atesoro.

Con demasiada antelación, la vida de Juan el Bautista (Elías venido en espíritu y poder) se vio truncada, y murió martirizado. Su trabajo había sido preparar el camino para Jesús, y lo hizo bien. Que muriera prematuramente es un tema para otro libro. Nuestro enfoque aquí es lo que está sucediendo en nuestro mundo hoy, la lucha de Satanás contra el ADN de la humanidad. Usted y yo debemos aprender, y rápidamente, *Cómo estar listo para el Rapto.*

Capítulo 16

Entra Jesús

La simiente de la mujer

A medida que pasaban los siglos, Dios se cernía sobre su Palabra para hacer realidad este momento tan importante de la historia. Satanás, con todo su frenético trabajo, no lograría obstaculizar la llegada de la Semilla de la mujer. Sin embargo, no estaba dispuesto a rendirse.

Cuando llegó el momento oportuno, Dios envió de nuevo al arcángel Gabriel, esta vez para anunciar el nacimiento del Niño a la mujer que había seleccionado como vaso digno. Se trataba de María, una ciudadana de Nazaret, una mujer desposada (con un hombre llamado José), pero que aún era virgen. La batalla de las edades estaba en pleno apogeo.

Antes de que naciera Jesús, María visitó a su prima Elisabet, que estaba embarazada de Juan (que sería conocido como el Bautista). La presencia de Dios en

María hizo que tanto Elisabet como Juan se llenaran del Espíritu Santo.

El ángel del Señor le predijo a Zacarías que su esposa Elisabet tendría un hijo llamado Juan. En Lucas 1:15, el ángel le dijo a Zacarías que su bebé estaría lleno del Espíritu Santo, incluso desde el vientre de su madre. El cumplimiento de la profecía del ángel se produjo en Lucas 1:41, cuando el bebé saltó en el vientre de Elisabet, y ella fue llena del Espíritu Santo. Más tarde, en Lucas 1:67, está claro que Zacarías también fue lleno del Espíritu Santo y comenzó a profetizar.

Los ángeles cantaron en el nacimiento de Cristo y la profecía se cumplió, pues, curiosamente, nació en Belén. A Herodes le preguntaron unos magos que vinieron de visita: *"¿Dónde está el que ha nacido como rey de los judíos?"*. (Mateo 2:2). Habían visto su estrella en el este y habían venido a adorarle. Incluso los magos paganos reconocieron su llegada.

Satanás se esforzaba por destruir "la Semilla de la mujer," pero, a pesar de todo lo que Satanás se propuso hacer, el Hijo de Dios fue circuncidado y consagrado en el templo en Jerusalén, y allí también se proclamaron profundas profecías sobre su vida. De esta manera, Dios introdujo con éxito a su Hijo en el mundo, el mayor Secreto de todos los tiempos, delante de las narices de Satanás.

Dado que Dios tenía que preservar esta Semilla, Jesús tuvo que ser escondido hasta el día de su revelación. Por lo tanto, Dios envió un ángel para que entrara en el sueño de José y le dijera que tomara al niño y huyera a Egipto. Herodes buscaba al Niño para quitarle la vida. Luego, después de unos años, Dios envió a Gabriel en otro sueño, para decirle a José que tomara a María y a Jesús y que regresara a Israel, pues estaban en Egipto.

Aunque no se sabe mucho de la infancia de Jesús, a los doce años confundió a los doctores del templo con su profundo conocimiento de los libros sagrados. Además, como podemos ver en la genealogía de Cristo en los libros de Lucas y Mateo, tanto María como José eran de ADN puro hasta Adán.

Satanás no sabía dónde estaba Jesús, pero la Semilla de la mujer estaba viva y salva, y como describen muy bien las Escrituras, crecía *"en sabiduría y en estatura, así como en gracia ante Dios y los hombres"* (Lucas 2:52).

¡ESTAD EN PAZ! ¡NO TENGÁIS MIEDO!

Créanme, no tenemos que preocuparnos de que las élites de este mundo tomen el control, porque, hasta que el Rapto tenga lugar, las personas llenas del Espíritu Santo están impidiendo esta toma de posesión por parte del Anticristo, como se revela en 2 Tesalonicenses 2:7:

Porque el misterio de la iniquidad ya está en acción, sólo que aquel que por ahora lo detiene, lo hará hasta que él mismo sea quitado de en medio.

La palabra griega usada en esta escritura se traduce cómo "impedir". En otras palabras, el que impide, seguirá impidiendo hasta que sea quitado del camino. Los verdaderos cristianos están impidiendo a Satanás en su intento de establecer un gobierno mundial en la tierra. Creo que Dios colocó al presidente Donald Trump en el cargo para frenar el empuje prematuro de traer el gobierno mundial de Satanás y el globalismo y de esa forma, llevar luego al Anticristo a una posición de poder.

Incluso después del Rapto de la iglesia, Dios traerá sus dos candelabros, los dos testigos de los que se habla en Apocalipsis 11:3, a las calles de Jerusalén, y todo el poder de la fuerza militar no será capaz de removerlos.

Rumores de la Agencia de Proyectos de Investigación Avanzada de Defensa controlando nuestro clima, sendas químicas apoderándose de nuestros cuerpos, la Agencia Nacional de Seguridad grabando cada llamada telefónica en el mundo, o la vigilancia y seguimiento por GPS de cada movimiento de una persona no importan. Dios lo dijo:

El que habita en el cielo se ríe, el Señor se burla de ellos.

Salmos 2:4

Dios todavía puede mantener a las élites del mundo como rehenes y a raya simplemente dejando que salga fuego de sus dos testigos. Ese fuego matará a cualquiera que intente impedir que prediquen. Entonces, cuando los enemigos de Dios finalmente maten a estos dos hombres, no podrán mover sus cadáveres de las calles. Al tercer día, resucitarán de entre los muertos y ascenderán al cielo mientras el mundo entero lo verá todo en directo por televisión.

Estoy convencido de que la Pandemia de Coronavirus fue una estratagema utilizada por Satanás para introducir prematuramente el orden mundial único. Ya está fallando, y creo que Dios lo usará para comenzar el mayor avivamiento en la historia del mundo. Sin embargo, aquellos a cargo de los sistemas de este mundo tratarán de usar la pandemia para promover la recolección del ADN de todos.

Les profetizo, no por la Palabra del Señor, sino por lo que veo en la Palabra de Dios, que Donald J. Trump o una persona de espíritu similar (alguien que es anti-Globalismo, anti-Nuevo Orden Mundial y muy pro-Israel, será reelegido. Dentro de un corto período de tiempo, este nuevo presidente dará al liderazgo de Israel la promesa de que pueden construir el templo final en el Monte del Templo. Digo esto porque el ángel del Señor le dijo a Juan en Apocalipsis 11:2 que midiera el templo pero no el atrio. ¡Dios dijo a través del ángel que el patio había sido entregado a los gentiles! **¡BOOM!**

Recuerde, cada presidente de los Estados Unidos por más de veinticuatro años dijo que trasladaría la Embajada de los Estados Unidos a Jerusalén (la capital judía), pero cada vez, debido a que el mundo árabe amenazó que, si ocurría, habría 500.000 árabes en las calles de Jerusalén manifestándose, ¡ningún presidente tuvo la fortaleza de mantener su palabra! Cuando Donald J. Trump tomó la decisión de trasladar nuestra embajada, instantáneamente todo se puso en su lugar, ¡y se hizo en menos de seis meses!

Creo que cuando el próximo presidente tipo Trump le diga a Israel que los protegerá del mundo musulmán, comenzarán la reconstrucción del templo en muy pocos meses. Todo está listo. La Mezquita Al-Aqsa puede quedarse donde está, y todavía habrá mucho espacio en el Monte del Templo para el nuevo templo. El tiempo se está acabando, pero el final aún no ha llegado. Manténganse firmes en su fe. Ocúpense hasta que ocurra el Rapto. Recuerden lo que dicen las Escrituras:

El que habita en el cielo se ríe, el Señor se burla de ellos.

Salmos 2:4

Déjate guiar por el Espíritu Santo. ¡Él está dentro de ti! Dios siempre tiene la última palabra. Sólo asegúrese de saber *Cómo estar listo para el Rapto.*

CAPÍTULO 17

AHORA, SOBRE EL RAPTO DE LA IGLESIA

En los capítulos anteriores, he presentado lo que creo que es una evidencia bíblica concluyente para la premisa de que la batalla de las edades es sobre la destrucción del ADN de la humanidad. Ahora, consideremos la batalla final de las edades: el plan de Satanás para destruir la creencia del hombre en Dios y su creencia en el Rapto de aquellos *"que aman su aparición"* (2 Timoteo 4:8).

Jesús hizo la pregunta:

> *Pero cuando venga el Hijo del Hombre, ¿hallará fe en la tierra?* Lucas 18:8

Esta pregunta merece una respuesta. Cuando el Hijo del Hombre venga (eso es el Rapto), ¿encontrará Él la fe en Dios, la fe en su Palabra? Dios envió a su Consolador, el Espíritu Santo, como las arras de nuestra herencia, el pago inicial de nuestra relación, y todo lo que Dios tiene reservado para los que lo buscan y los que aman su aparición. Pablo escribió a los Efesios:

> *Dándonos a conocer el misterio de su voluntad, según su beneplácito, el cual se había propuesto en sí mismo, de reunir todas las cosas en Cristo, en la dispensación del cumplimiento de los tiempos, así las que están en los cielos, como las que están en la tierra. En él asimismo tuvimos herencia, habiendo sido predestinados conforme al propósito del que hace todas las cosas según el designio de su voluntad, a fin de que seamos para alabanza de su gloria, nosotros los que primeramente esperábamos en Cristo. En él también vosotros, habiendo oído la palabra de verdad, el evangelio de vuestra salvación, y habiendo creído en él, fuisteis sellados con el Espíritu Santo de la promesa, que es las arras de nuestra herencia hasta la redención de la posesión adquirida, para alabanza de su gloria.*
>
> Efesios 1:9-14

Nótese especialmente el versículo 14:

> *que es las arras de nuestra herencia hasta la redención de la posesión adquirida, para alabanza de su gloria.*

Cuando el Espíritu Santo fue enviado a la tierra en su plenitud en el día de Pentecostés, Él fue las "arras", la garantía o anticipo de nuestra herencia hasta la finalización de nuestra redención. Habrá una finalización.

Jesús vendrá por aquellos que aman su aparición y lo están esperando.

Pablo escribió a Timoteo:

Por lo demás, me está guardada la corona de justicia, la cual me dará el Señor, juez justo, en aquel día; y no solo a mí, sino también a todos los que aman su venida.
2 Timoteo 4:8

El mismo Jesús declaró:

Mas buscad el reino de Dios, y todas estas cosas os serán añadidas. No temáis, manada pequeña, porque a vuestro Padre le ha placido daros el reino. Vended lo que poseéis, y dad limosna; haceos bolsas que no se envejezcan, tesoro en los cielos que no se agote, donde ladrón no llega, ni polilla destruye. Porque donde está vuestro tesoro, allí estará también vuestro corazón. Estén ceñidos vuestros lomos, y vuestras lámparas encendidas; y vosotros sed semejantes a hombres que aguardan a que su señor regrese de las bodas, para que cuando llegue y llame, le abran en seguida. Bienaventurados aquellos siervos a los cuales su señor, cuando venga, halle velando; de cierto os digo que se ceñirá, y hará que se sienten a la mesa, y vendrá a servirles. Y aunque venga a la segunda vigilia, y aunque venga a la tercera vigilia, si los hallare así, bienaventurados son aquellos siervos. Lucas 12:31-38

Esto nos lleva a lo que dijo Malaquías justo antes de hablar de la *"maldición"* que vendría si la humanidad rechazaba la venida de Elías (ver Malaquías 4:5-6). También dijo:

Entonces los que temían a Jehová hablaron cada uno a su compañero; y Jehová escuchó y oyó, y fue escrito libro de memoria delante de él para los que temen a Jehová, y para los que piensan en su nombre. Y serán para mí especial tesoro, ha dicho Jehová de los ejércitos, en el día en que yo actúe; y los perdonaré, como el hombre que perdona a su hijo que le sirve.

Malaquías 3:16-17

Noten que somos las joyas de Dios. Él viene por nosotros, y seremos perdonados cuando venga *"como un hombre perdona a su propio hijo"*. Esto no puede ser más claro. Hemos sido puestos ilegalmente en un lugar que nuestro Dueño no nos puso. Un día Él vendrá a reclamar las joyas que le pertenecen. ¡Alabado sea Dios!

¡BOOM!

Note lo que Pablo escribió a los Tesalonicenses:

Pero de los tiempos y las épocas, hermanos, ustedes no tienen necesidad de que les escriba. Porque vosotros mismos sabéis perfectamente que el día del Señor vendrá como un ladrón en la noche. Porque cuando <u>ellos</u> digan: Paz y seguridad, entonces vendrá sobre ellos *destrucción repentina, como los dolores de parto a la mujer encinta, y ellos no podrán escapar. Pero ustedes, hermanos, no están en las tinieblas, para que ese día los sorprenda a ustedes como un ladrón. Todos ustedes son hijos de la luz e hijos del día; no somos de la noche ni de las tinieblas.* 1 Tesalonicenses 5:1-5 (Traducción KJV en Español)

En estos versículos dice claramente que Jesús no vendrá por nosotros *"como un ladrón"*. Los adjetivos aquí son *"ellos"*, no *"tú"* y *"ustedes"*. *"Ellos"* no escaparán. Él viene como un ladrón en la noche por *"ellos"*, no por ti.

¡BOOM!

Cuando Jesús venga por nosotros, será para llevarse a los que piensan en su nombre. Él viene por sus joyas, aquellos que han sido oprimidos por Satanás y a quienes se les ha hecho creer ilegalmente que Satanás tiene autoridad sobre los redimidos.

Una vez más, fíjate en las palabras de Malaquías 3. El Señor dice que Él viene por aquellos que piensan en su nombre:

Entonces los que temían a Jehová hablaron cada uno a su compañero; y Jehová escuchó y oyó, y fue escrito libro de memoria delante de él para los que temen a Jehová, y para los que piensan en su nombre. Y serán para mí especial tesoro, ha dicho Jehová de los ejércitos,

en el día en que yo actúe; y los perdonaré, como el hombre que perdona a su hijo que le sirve. Entonces os volveréis, y discerniréis la diferencia entre el justo y el malo, entre el que sirve a Dios y el que no le sirve.
Malaquías 3:16-18

Considere las siguientes escrituras expresadas por Jesús:

Pero sabed esto, que si el padre de familia supiese a qué hora el ladrón habría de venir, velaría, y no dejaría minar su casa. Por tanto, también vosotros estad preparados; porque el Hijo del Hombre vendrá a la hora que no pensáis. Mateo 24:43-44

Pero sabed esto, que si supiese el padre de familia a qué hora el ladrón había de venir, velaría ciertamente, y no dejaría minar su casa. Vosotros, pues, también, estad preparados, porque a la hora que no penséis, el Hijo del Hombre vendrá. Lucas 12:39-40

Esto puede sonar confuso, pero permítame que se lo aclare. En esta parábola, *"el dueño de la casa"* es Satanás, y el ladrón es Jesucristo. Jesús está diciendo una parábola sobre Él mismo entrando en una casa y robando las joyas del que las posee injustamente. En este caso, las joyas pertenecen a Jesús, y Él viene en la noche para rescatar esas joyas que son legítimamente suyas. Este es *"el terrible día del Señor"* al que se refiere Malaquías 4:5. En efecto, será terrible para Satanás y para todos los que se queden atrás. ¿Puede usted imaginarse a la gente llegando a la conclusión de que Jesús ha venido, y ellos han sido dejados atrás?

Por el Espíritu Santo, Pablo expuso en el Nuevo Testamento lo que había leído en el libro de Isaías:

> *Porque desde el principio del mundo no se ha escuchado, ni oído ha percibido, ni ojo ha visto a Dios fuera de ti, que hiciese por el que en Él espera.*
>
> Isaías 64:4, RVG

Esto es lo que escribió a los corintios:

> *Mas hablamos sabiduría de Dios en misterio, la sabiduría encubierta, la cual Dios predestinó antes de los siglos para nuestra gloria; la que ninguno de los príncipes de este mundo conoció; porque si la hubieran conocido, nunca hubieran crucificado al Señor de gloria. Antes, como está escrito: Ojo no ha visto, ni oído ha escuchado, ni han subido en corazón de hombre, las cosas que Dios ha preparado para los que le aman. Pero Dios nos las reveló a nosotros por su Espíritu; porque el Espíritu todo lo escudriña, aun lo profundo de Dios. Porque ¿quién de los hombres sabe las cosas del hombre, sino el espíritu del hombre que está en él? Así tampoco nadie conoce las cosas de Dios, sino el*

Espíritu de Dios. Y nosotros hemos recibido, no el espíritu del mundo, sino el Espíritu que es de Dios, para que conozcamos lo que Dios nos ha dado.

1 Corintios 2:7-12

¿Qué significa todo esto? Jesús viene por aquellos que lo aman. El Rapto es real, y usted y yo necesitamos estar seguros de saber *Cómo estar listo para el Rapto.*

CAPÍTULO 18

TÉRMINOS UTILIZADOS CON RESPECTO AL RAPTO

No hay ninguna cosa en la Palabra de Dios que indicaría que los términos usados para describir el Rapto deben ocurrir en menos de un segundo. Creo que los términos usados para describir el Rapto son descripciones de eventos que tendrán lugar durante *"el Día del Señor"*.

Como usted sabe, la palabra *rapt*o no aparece en la Biblia. Hay, sin embargo, cinco términos usados en el Nuevo Testamento con respecto al Rapto. Ellos son:

Su Venida
Ser Tomado
La Reunión
La Transformación
El Arrebatamiento

Cada uno de estos términos es totalmente diferente de los demás y no tienen por qué darse todos al mismo al mismo tiempo. Veamos lo que dice la Palabra de Dios con respecto al uso de cada uno de estos términos:

Su Venida

Porque como el relámpago que sale del oriente y se muestra hasta el occidente, así será también la venida del Hijo del Hombre. Mateo 24:27

De esto aprendemos que la venida de Cristo será como un relámpago, repentina, sin aviso, sin que sepamos exactamente cuándo o dónde vendrá.

Mas como en los días de Noé, así será la venida del Hijo del Hombre. ... Y no entendieron hasta que vino el diluvio y se los llevó a todos, así será también la venida del Hijo del Hombre. Mateo 24:37 y 39

En los días de Noé, Dios cerró repentinamente la puerta del arca, pero no hubo una desaparición repentina del arca misma.

Ser Tomado

Os digo que en aquella noche estarán dos en una cama; el uno será tomado, y el otro será dejado. 35 Dos mujeres estarán moliendo juntas; la una será tomada, y la otra dejada. Dos estarán en el campo; el uno será tomado, y el otro dejado. Lucas 17: 34-36

Según la *Concordancia Strong,* la palabra griega utilizada aquí es *paralambano.* Tiene el número designado por *Strong* de G3880. Esta palabra se define como sigue: "1.) tomar a, tomar con uno mismo, unir con uno mismo un asociado, un compañero". Algunos han definido la palabra con el significado de "atraer al lado de uno de manera amorosa".

Increíblemente, en Juan 14:3, la palabra *recibir* se traduce de esta misma palabra griega: ¡*paralambano*! Preste atención a la redacción exacta, y tendrá una mayor comprensión de una palabra que describe una parte del Rapto.

Y si me fuere y os preparare lugar, vendré otra vez, y os tomaré a mí mismo, para que donde yo estoy, vosotros también estéis. Juan 14:3

LA REUNIÓN

Pero con respecto a la venida de nuestro Señor Jesucristo, y nuestra reunión con él, os rogamos, hermanos. 2 Tesalonicenses 2:1

Parece que *la venida* del Señor y *la reunión* con Él podrían ser dos eventos estrechamente relacionados, pero separados. Esta palabra *reunión* se traduce de la palabra griega *episynagoge*. Se muestra en la *Concordancia Strong* como número 1997. Se traduce al español sólo dos veces: una vez como *reunirse* y la otra como *congregarse*, como se encuentra en el libro de Hebreos:

> *no dejando de congregarnos, como algunos tienen por costumbre, sino exhortándonos; y tanto más, cuanto veis que aquel día se acerca.* Hebreos 10:25

Me parece muy interesante que la palabra *sinagoga* esté en esta palabra griega. Para mí, esto hace que la definición sea muy clara. *Strong* define esta palabra como "1.) una reunión en un lugar 2.) la asamblea (religiosa) (de los cristianos)".

LA TRANSFORMACIÓN

> *He aquí, os digo un misterio: No todos dormiremos; pero todos seremos transformados, en un momento, en un abrir y cerrar de ojos, a la final trompeta; porque se tocará la trompeta, y los muertos serán resucitados incorruptibles, y nosotros seremos transformados. Porque es necesario que esto corruptible se vista de incorrupción, y esto mortal se vista de inmortalidad.*
> 1 Corintios 15:51-53

Esta palabra *transformados* se traduce de la palabra griega *allasso*. En *Strong*, se designa con el número 236 y tiene la definición "hacer diferente: cambiar". Esto habla de los que están vivos cuando Cristo regrese.

Pablo escribió que los muertos en Cristo serán resucitados primero, y luego aquellos creyentes que aún estén vivos al regreso de Cristo serán transformados:

> *Porque el Señor mismo con voz de mando, con voz de arcángel, y con trompeta de Dios, descenderá del cielo; y los muertos en Cristo resucitarán primero. Luego nosotros los que vivimos, los que hayamos quedado, seremos arrebatados juntamente con ellos en las nubes para recibir al Señor en el aire, y así estaremos siempre con el Señor.* 1 Tesalonicenses 4:16-17

Si los muertos en Cristo resucitan primero, y luego los que están vivos son arrebatados, estos eventos no necesariamente ocurren todos a la vez, en un solo instante.

EL ARREBATAMIENTO

> *Luego nosotros los que vivimos, los que hayamos quedado, seremos arrebatados juntamente con ellos en las nubes para recibir al Señor en el aire, y así estaremos siempre con el Señor.* 1 Tesalonicenses 4:17

La palabra que se traduce como *arrebatado* es la palabra griega *harpazo*. En *Strong*, se designa con el número

726 y tiene la definición "agarrar (en varias aplicaciones): atrapar (lejos, arriba) arrancar, tirar, tomar (por la fuerza)". Creo que la palabra española *arpón* proviene de esta palabra, ya que describe la misma acción que implica la palabra griega. Esta fue la palabra utilizada para describir el "arrebato" de Felipe después de bautizar al eunuco en agua en Hechos 8:39. El apóstol Pablo utilizó esta misma palabra en 2 Corintios 12:2 y 4 al describir su *"arrebatamiento"* al tercer cielo. Su experiencia fue tan profunda que no podía decir si estaba en su cuerpo o fuera de él.

En conclusión, no puede haber duda. La Biblia enseña el Rapto. Sea cual sea el nombre que le demos, lo importante es que tengamos la seguridad de *Cómo estar listo para el Rapto.*

CAPÍTULO 19

LO QUE JESÚS ENSEÑÓ SOBRE EL RAPTO

En Lucas 17, Jesús dijo muchas cosas excepcionales con respecto al Rapto de la Iglesia. Quiero comenzar con el versículo 26.

Como fue en los días de Noé, así también será en los días del Hijo del Hombre. Lucas 17:26

Sólo haré un resumen aquí de las cosas principales de las que habla este versículo, ya que la primera parte del libro entra en increíbles detalles sobre los días de Noé de Génesis 6. Quiero parafrasear lo que Jesús dijo aquí en Lucas 17:26-27:

Como fue en los días de Noé, así será en los días del Hijo del Hombre. Se casaban y daban en matrimonio hasta el día en que Noé entró en el arca y llegó el diluvio.

Génesis 6 afirma que había gigantes en la tierra en aquellos días porque los ángeles caídos se estaban entremezclando con la raza humana. El ADN de estos hombres y mujeres estaba, por lo tanto, contaminado.

Como se señaló con anterioridad en el libro, esto sucedió debido a lo que Dios dijo en Génesis 3:15. El hombre y la mujer fueron engañados por Satanás y cayeron en el pecado de desobediencia. Por lo tanto, Dios dijo que la Semilla de la mujer heriría la cabeza de Satanás. Inmediatamente, Satanás comenzó a tratar de destruir la Semilla de la mujer, mezclando la semilla de los ángeles caídos con la raza humana, para que la Palabra de Dios no pudiera cumplirse.

Para Génesis 6, sólo tres capítulos después de que Dios profetizara la destrucción de Satanás, el enemigo ya había contaminado gran parte del ADN de la humanidad. Como ya he presentado, este fue el comienzo de la batalla de las edades, un esfuerzo para manipular el ADN de la raza humana y, por lo tanto, proteger a Satanás de la condenación eterna.

Noé, como recordarán, fue elegido por Dios para preservar la raza humana. Su ADN era puro hasta Adán. No es que fuera tan santo, sino que su ADN no estaba contaminado por los ángeles caídos.

Jesús vino a redimir a la humanidad. No era (ni es) un ser que fuera en parte hombre y en parte ángel. Era el Hijo de Dios, perfecto y sin pecado. La Biblia fue escrita para contar la historia de la redención de la humanidad, la cual fue hecha a imagen y semejanza de Dios.

Cuando Jesús regrese para arrebatar a los redimidos de la humanidad, será en un momento en que el ADN de la humanidad estará siendo manipulado de nuevo. Como fue en los días de Noé, hoy los científicos están manipulando nuestro ADN de nuevo. ¿Quién puede negar que estamos viviendo en los días en que nuestro ADN está siendo investigado para hacer posible la integración de la inteligencia artificial con el cuerpo humano?

Jesús advirtió: *"Como en los días de Noé", "como en los días de Lot" y "Acuérdate de la mujer de Lot":*

> *Como fue en los días de Noé, así también será en los días del Hijo del Hombre. Comían, bebían, se casaban y se daban en casamiento, hasta el día en que entró Noé en el arca, y vino el diluvio y los destruyó a todos. Asimismo como sucedió en los días de Lot; comían, bebían, compraban, vendían, plantaban, edificaban; mas el día en que Lot salió de Sodoma, llovió del cielo fuego y azufre, y los destruyó a todos.*
> *Así será el día en que el Hijo del Hombre se manifieste. En aquel día, el que esté en la azotea, y sus bienes en casa, no descienda a tomarlos; y el que en el campo, asimismo no vuelva atrás. Acordaos de la mujer de Lot. Todo el que procure salvar su vida, la perderá; y todo el que la pierda, la salvará. Os digo que en aquella noche*

estarán dos en una cama; el uno será tomado, y el otro será dejado. Dos mujeres estarán moliendo juntas; la una será tomada, y la otra dejada. Dos estarán en el campo; el uno será tomado, y el otro dejado.
Y respondiendo, le dijeron: ¿Dónde, Señor? Él les dijo: Donde estuviere el cuerpo, allí se juntarán también las águilas. Lucas 17:26-37

En estos versículos, se nos recuerda a Lot y su familia. Si recuerdan, los ángeles fueron enviados por Dios para rescatar a Lot y su familia de Sodoma. El problema era que, aunque estaban disgustados por los pecados de esa ciudad, en realidad no querían abandonarla. Lot estaba tan implicado que incluso ofreció a sus hijas para que fueran ultrajadas por los hombres pervertidos de Sodoma para proteger a los ángeles. Y así es hoy. Incluso los cristianos están implicados y son ultrajados por los placeres del pecado de nuestros días.

Creo que se puede dar el caso de que ángeles sean enviados por Dios para anunciar que nos llevarán a un lugar de Rapto para sacarnos de este mundo antes de que el Anticristo tome el control con su gobierno mundial. Sin embargo, multitudes de cristianos pueden muy bien resistir su momento de salida porque se les ha sido enseñados que cuando el Rapto tenga lugar, ellos simplemente "poof" saldrán de aquí. Los automóviles se estrellarán, los aviones caerán del cielo, y el caos y la confusión estarán a la orden del día. Pero Dios no es autor de la confusión. Todo lo que Dios haga será decente y en orden.

Considere lo que Jesús enseñó aquí sobre Lot y su familia. Si los cristianos simplemente fueran a "desaparecer" de la Tierra, Jesús no habría dicho en el versículo 31, "*En aquel día, el que esté sobre el tejado de su casa, y sus cosas estén en la casa, que no baje a llevárselas; y el que esté en el campo, que tampoco vuelva*", y, de nuevo, en el versículo 32, "*¡Acuérdate de la mujer de Lot!*".

¡BOOM!

Lucas 17:31-32 deja claro que este acontecimiento no es instantáneo o, de lo contrario, Jesús no nos estaría diciendo que comparemos este acontecimiento con la experiencia de Lot. Los ángeles tardaron en sacar a la familia de Lot de Sodoma. Incluso cuando la esposa de Lot fue sacada de Sodoma, tuvo tiempo para pensar en ello y, por desgracia, no llegó a ponerse a salvo. Miró hacia atrás y perdió su momento de rescate. La advertencia es ésta: si estamos en el tejado y tenemos nuestras cosas en la casa, no debemos bajar a buscarlas. El que esté en el campo, que tampoco regrese. La implicación aquí es no volver a la casa a buscar sus "*cosas*".

El Arrebatamiento no va a ser un camino de rosas, sino que en realidad puede ser la mayor prueba de nuestra fe. Cuando usted lee Hebreo 11, a menudo llamado el capítulo de la fe, se hace evidente que todo lo que se hizo en el Antiguo Testamento se hizo *"por la fe"*. Por ejemplo:

Por la fe, Enoc fue trasladado. Hebreos 11:5

Sin fe es imposible agradarle [a Dios]. Hebreos 11:6

Todo en Dios requiere fe. Jesús dijo:

El que busque salvar su vida, la perderá; y el que pierda su vida, la conservará. Lucas 17:33

Además, considere estas palabras de Jesús:

Os digo que en aquella noche estarán dos en una cama; el uno será tomado, y el otro será dejado. Dos mujeres estarán moliendo juntas; la una será tomada, y la otra dejada. Dos estarán en el campo; el uno será tomado, y el otro dejado. Lucas 17:34-36

En el mismo contexto de los ángeles sacando a Lot y su familia de Sodoma, Jesús continuó enseñando que una persona será llevada y otra dejada. Esto inspiró a los discípulos a hacerle una pregunta que nunca he escuchado que ningún erudito bíblico aborde de manera satisfactoria. Estos discípulos sabían que Él se refería a un lugar, así que en la primera parte del versículo 37, le hicieron la pregunta más importante:

Y respondiendo, le dijeron: ¿Dónde, Señor? Él les dijo: Donde estuviere el cuerpo, allí se juntarán también las águilas. Lucas 17:37

"¿Dónde, Señor?" fue la pregunta, y la respuesta fue profunda, confusa, y muy inusual. Jesús dijo: *"Donde esté el cuerpo, allí se reunirán las águilas"*. ¿Pero qué significa eso?

Esta palabra *cuerpo* se traduce de la palabra griega *soma (Strong* G4983, #963; #8182; #956; #945; transliteración, sustantivo neutro, palabra raíz (etimología) de #963; #8180; #950; #969; G4982). La definición es "el cuerpo tanto de hombres como de animales, un cuerpo muerto o cadáver".

¡BOOM!

Jesús estaba diciendo que donde estaban siendo llevados era un lugar donde estarían los cadáveres. Sólo puedo concluir que en el lugar del Rapto habrá cadáveres porque todos los que traten de introducirse en el evento del Rapto serán aniquilados en el lugar. Creo que el Anticristo, que llegará rápidamente al poder total directamente después de este evento del Rapto, explicará al mundo que multitudes fueron encontradas muertas alrededor de miles de iglesias. El justificará todas las muertes diciendo que estos deben haber sido religiosos radicales religiosos, radicales que se suicidaron.

La prensa no permitirá mucha discusión con respecto a las personas desaparecidas que ascendieron en el Rapto, ya que considerarán que el mundo está mejor sin ellos. Después de todo, se oponían a la sociedad de un solo mundo. Por lo tanto, se les consideraba egoístas y racistas.

La prensa también dará por perdidas las desapariciones de tantas personas diciendo que fueron posibles abducciones alienígenas por los OVNIS que tanto se han visto en los últimos años. Los encuentros con ángeles caídos también serán reportados a medida que el tiempo se acerca porque Satanás estará desesperado por sembrar confusión en los corazones de la humanidad. Recuerden lo que dice la Palabra de Dios:

Porque se levantarán falsos Cristos, y falsos profetas, y harán grandes señales y prodigios, de tal manera que engañarán, si fuere posible, aun a los escogidos.

Mateo 24:24

Así como la esposa de Lot fue sacada de Sodoma para ser librada de la destrucción que se avecinaba, pero fue herida de muerte, y se convirtió en una estatua de sal, ¿podría ser que en el día del Rapto muchas personas, que de otro modo podrían ser salvadas, serán tibias y amarán al mundo más de lo que aman al Señor y se negarán a irse en el Rapto? La implicación es clara.

Jesús también dijo:

No todo el que me dice: Señor, Señor, entrará en el reino de los cielos, sino el que hace la voluntad de mi Padre que está en los cielos. Mateo 7:21

¡Wow! Cristianos serán dejados atrás en el Rapto porque no tendrán el deseo de irse con Jesús. Eso es un llamado de alerta, ¿no es así? El Rapto es real, y usted y yo debemos estar listos para él. Haga lo que sea necesario para aprender *Cómo estar listo para el Rapto*.

Capítulo 20

El final del libro repetido

Este es el último capítulo del libro. Lo he repetido al principio para que tenga efecto. Estoy convencido de que, si usted ha leído todo el libro, ahora entenderá totalmente este capítulo final. Esto es sólo un escenario de cómo los eventos del Rapto podrían tener lugar. El escenario cubre el mayor evento de todos los tiempos e incluye los principales conceptos a los que los cristianos de todo el mundo se han referido y han creído con respecto al Rapto de la Iglesia. A lo largo de la Biblia usted ha visto que este evento del Rapto es referido como *"El Día del Señor"*.

Un hombre y su esposa están en su casa. Es un día ordinario, durante un tiempo en que el mundo entero está bajo gran presión y cambio. Confusión y disturbios prevalecen en todo el mundo. Han ocurrido agitaciones en todas partes. Es difícil llevar a cabo las actividades cotidianas debido a la carencia y las aflicciones. Los políticos parecen incapaces de lograr la paz entre las naciones. Las grandes naciones del mundo han menguado su influencia, y las economías del mundo están sumidas en el caos. Los últimos intercambios nucleares entre las naciones más poderosas de la tierra, aunque limitados en su alcance, han dejado claro que la "paz por la fuerza" ya no puede funcionar. Los pueblos del mundo entero y las agencias de noticias del mundo parecen estar obsesionados con una y sólo una pregunta: ¿Quién puede conseguir la paz? ¿Acaso no hay *alguien* que pueda traer la paz al mundo?

Se habla mucho de cierto político del Medio Oriente que parece tener un mensaje que podría apaciguar a todos los grupos y líderes religiosos, especialmente a los musulmanes y a los judíos. Es una persona poderosa y carismática, y los líderes religiosos han anunciado que pondrían a su disposición su influencia para que la paz pueda llegar de nuevo a la tierra.

Ahora, la esposa habla:

Mientras entraba en la habitación donde mi marido estaba viendo las noticias, estaba reflexionando sobre estas cosas y pensando que apenas el domingo pasado escuché un sermón sobre pedir que el Señor "venga pronto". Mientras reflexionaba sobre esto, escuché un sonido muy fuerte que venía de afuera de mi casa. Sonaba como una fuerte trompeta que posiblemente podría ser un nuevo sistema de alarma que la ciudad podría haber instalado para alertarnos sobre problemas con las plantas químicas locales al otro lado de la ciudad. Le dije a mi marido: "Cariño, ¿qué es esa trompeta que acabo de oír sonar afuera?" Me quedé perpleja cuando me contestó: "No he escuchado ningún sonido fuerte. ¿De qué estás hablando"?

Antes de que pudiera contestar a mi marido, apareció ante mí un hombre en la habitación. Quedé abrumada al saber que era un ángel. Me quedé perpleja al ver que me saludaba por mi nombre. Increíblemente, mi esposo aparentemente no podía verlo. Este ser que se me apareció comenzó a decir: "No tengas miedo. He venido a llevarte a cierta iglesia donde se está produciendo el Rapto".

Fue entonces cuando recordé que la Biblia dice que hay que *"probar los espíritus"*; para ver si son de Dios. Y dije: "¿Jesucristo vino en carne y hueso"? En el mismo momento en que escuchaba la respuesta del ángel, oí a mi marido preguntar: "¿Con quién estás hablando, cariño? ¿Estás loca?" Parecía que mi marido estaba muy lejos en el fondo, pero oí al ángel decir claramente: "Por supuesto, Jesucristo vino en la carne. Ahora, ¡vamos!"

En ese momento, recordé haber escuchado a un ministro de la Costa Este de los Estados Unidos hablando de que el Rapto siempre se llamaba *"El día del Señor"*, y no un llamado a desaparecer de la tierra. También recordé al ministro diciendo que Jesús nos advirtió,

"Recuerden a la esposa de Lot" y que el Rapto podría ser la mayor prueba de la fe de una persona. Mencionó que los ángeles vinieron y sacaron a la familia de Lot (incluyendo a su esposa) de la ciudad de Sodoma. Recordé que ese pastor también dijo que Jesús afirmó: *"Si estás en el campo, no vuelvas a tu casa"*. El pastor también dijo: "Cuando el ángel venga a llevarte al lugar del Rapto, no debes dudar. Tampoco debes demorarte en ir con el ángel porque tal vez quieras ver a tus hijos para asegurarte de que estén a salvo. Si te retrasas, el ángel te dirá: 'Haz lo que te parezca; yo tengo que ir ahora'".

Me volví hacia mi esposo y le dije: "Un ángel ha aparecido en la habitación y me ha dicho que debo ir con él ahora a cierta iglesia local porque el Rapto está ocurriendo". La apasionada respuesta de mi marido fue: "¡Te prohíbo que vayas con quien dices que se te ha aparecido!"

De nuevo, recordé el sermón del pastor en el que dijo que el Rapto podría ser la mayor prueba de la fe de un cristiano. Había hecho hincapié en Lucas 17 que dice: *"Si estás en lo alto de tu casa, no bajes a ella. Si estás en el campo, no vuelvas a tu casa. Uno será tomado, el otro será dejado"*. Dijo: "En el día del Rapto, ni se demoren en tratar de ver a sus hijos o a sus seres queridos. Id inmediatamente con el ángel del Señor. No dejéis que nada os lo impida". Había hablado de la parte de Lucas 17 que dice: *"Recuerda a la mujer de Lot"*.

Mientras salía por la puerta con el ángel, le dije a mi marido: "He sido una buena esposa para ti todos estos años, pero esta vez tengo que irme porque no voy a perderme el Rapto". Por un momento fugaz, pensé que mi marido intentaría seguirme hasta la iglesia a la que me llevaba el ángel.

Cuando salía del porche de mi casa, ocurrió algo increíble. Fue como si mi espíritu y mi alma se pusieran en marcha. Mi mente parecía estar desbloqueada, y era capaz de procesar claramente los detalles más rápido que la velocidad de la luz. Había sido trasladada, y al instante el ángel y yo estábamos en la iglesia a más de ocho kilómetros de distancia. Me quedé perpleja porque, en una fracción de segundo, había viajado más de ocho kilómetros.

Al descender desde lo alto de la iglesia hasta la entrada, vi lo que parecían ser personas tendidas en el suelo como si estuvieran muertas. No era como en mi naturaleza, pero no tenía miedo. Estaba en perfecta paz de que todo esto era parte del Rapto. Llena de confianza, pero abrumada por mi nueva capacidad de procesar la magnitud de la información en microsegundos, me hallé en la entrada de la iglesia.

Al entrar en la iglesia, vi a más de mil personas sentadas. En la parte delantera de esta gran iglesia, vi lo que instintivamente supe que era un gran ángel vestido como un hombre. Estaba de pie detrás del púlpito con un gran libro delante de él. Me di cuenta de una conversación que el ángel a cargo tenía con un hombre sentado, justo unas filas detrás de mí. Oí que el ángel decía: "¿Por qué estás aquí sin tu túnica de justicia"? El hombre no respondió durante un tiempo. Parecía estar sin palabras. Entonces el ángel encargado dijo a los servidores, *"Atadle de pie y manos, y echadle en las tinieblas de afuera; allí será el lloro y el crujir de dientes"*. De alguna manera, sin saber cómo, supe que la referencia era de Mateo 22:1-14, que es la referencia a las señales antes del fin. Fue entonces cuando comprendí de dónde habían salido algunos de los cuerpos que estaban fuera y que las personas que yacían allí estaban realmente muertas.

Recordé que el pastor predicaba lo que Jesús dijo: *"Uno será tomado y el otro dejado"*. Los discípulos le preguntaron en Lucas 17:37: *"¿Dónde, Señor?"* Su respuesta casi nunca ha sido entendida ni abordada por los pastores. Jesús contestó: *"Donde estén los cadáveres, allí se juntarán las águilas"* (mi paráfrasis).

Sobrenaturalmente, tuve una comprensión completa de este verso, y me di cuenta de que, durante el Rapto, muchos escucharán lo que está sucediendo y tratarán de colarse en el evento sin ser invitados. El juicio de Dios caerá sobre ellos, y morirán en el acto.

Fue entonces cuando vi al pastor de la iglesia entrar por la puerta lateral. Preguntó al ángel encargado: "¿Qué está pasando?" El ángel le dijo al pastor con calma, pero con severidad, que debía tomar asiento, ya que el Rapto estaba teniendo lugar. El pastor parecía estar desconcertado. Le preguntó al ángel qué le daba derecho a hacerse cargo de esta iglesia. El ángel a cargo simplemente informó al pastor que el 8 de mayo de 1958, los miembros de la iglesia, junto con el pastor en ese momento, habían dedicado la propiedad y los edificios al Señor Jesucristo. El ángel explicó que el Señor mismo había autorizado ahora este lugar como uno de los muchos lugares que serían utilizados como puntos de Rapto. Una vez establecido esto, el ángel a cargo continuó.

Me senté asombrado mientras el ángel llamaba a las personas que se encontraban sentadas en el auditorio una por una. Entonces vi que el ángel me señaló con el dedo y oí que me preguntaba: "¿Cómo te llamas"? Con miedo y temblor, le respondí y le dije mi nombre. Al instante, las hojas del libro que tenía delante empezaron a girar, como por manos invisibles. El ángel habló con una voz fuerte que se oía en todo el auditorio. Sonaba como si estuviera amplificada, pero el sistema de audio no estaba encendido. Me dijo: "Sí, tu nombre está en el libro. Acérquese, suba los escalones de la plataforma". Envuelta en la impresionante presencia del Señor, me acerqué al ángel. Mientras subía los escalones a la plataforma, noté que cada fibra de mi ser había comenzado a vibrar. Cuando llegué a la parte superior de los escalones, el ángel levantó su brazo derecho, completamente extendido, y dijo: "¡Bien hecho! Entra al gozo del Señor".

Mientras pasaba por debajo de su brazo extendido, me di cuenta de que estaba caminando a unos treinta centímetros por encima de la plataforma. Una luz brillante salía de mi cuerpo. Entonces, para mi asombro, mi cuerpo empezó a cambiar en un momento, en un abrir y cerrar de ojos. Mi ropa caía a la plataforma, pero mi desnudez no se veía. Estaba revestido de la gloria de Dios. Sucedió tan rápido que apenas pude comprender todo lo que estaba ocurriendo.

Cuando alcé la mirada, la parte trasera de la iglesia parecía estar abierta, aunque yo sabía que estaba cerrada en la estructura del edificio. Mis ojos sobrenaturales se habían abierto y era capaz de ver a través de la pared. Más allá de la pared había un gran carruaje lleno de personas que, como yo, habían sido cambiadas. Se regocijaban, clamaban de alegría y gritaban alabanzas a Dios de una manera tan gloriosa y hermosa y con un volumen que nunca había escuchado en la tierra.

Comencé a regocijarme con ellos y corrí en el aire atravesando la pared del fondo tan rápido, sabiendo que había sido llevada por un ángel al lugar de reunión. Allí había sido transformada y estaba en camino para ser llevada al cielo en un magnífico carruaje, al igual que Elías.

Mientras subía al carruaje, miré a mi derecha y me di cuenta de que el marido de mi vida terrenal era uno de los que estaban tirados en el suelo. Seguramente había ido a buscarme a la iglesia, pero ese pensamiento fugaz no pudo empañar mi alegría. Había subido al carruaje y me dirigía a mi verdadero hogar en el cielo, para estar con mi Señor.

Ya volvió a leer el último capítulo del libro. Permítame recordarle que este escenario puede no ser exactamente la forma en que todo ocurra, pero una cosa es segura: La venida de Cristo será repentina, y debemos estar preparados sin importar cómo ocurra, para asegurarnos de no perdérnosla. Si tenemos una mentalidad predeterminada en cuanto a la forma en que todo tendría lugar, podríamos resistirnos a la forma real en que Jesús venga y perdernos el mayor evento de todas las épocas. Mi objetivo ha sido llevarle a una comprensión de cómo el Rapto podría tener lugar y ayudarle a saber *Cómo estar listo para el Rapto.*

Capítulo 21

Para terminar

Para terminar, hay cuatro parábolas que deseo abordar y que usted puede utilizar para desafiar su preparación para el Rapto. Muchos podrían decir que estas parábolas no se aplican al Rapto de la Iglesia. Creo que, al leerlas y meditar en ellas, encontrarán muy difícil situarlas en otro contexto que no sea el del Rapto.

La primera parábola se encuentra en Mateo 22:

> *Y entró el rey para ver a los convidados, y vio allí a un hombre que no estaba vestido de boda. Y le dijo: Amigo, ¿cómo entraste aquí, sin estar vestido de boda? Mas él enmudeció. Entonces el rey dijo a los que servían: Atadle de pies y manos, y echadle en las tinieblas de afuera; allí será el lloro y el crujir de dientes.*
>
> Mateo 22:11-13

Es muy difícil para mí poner esta parábola en cualquier otro contexto que no sea el del Rapto. La razón es que simplemente no puedo creer que alguien llegue al cielo y luego sea expulsado del cielo y arrojado al infierno.

La segunda parábola se encuentra en Mateo 25:

Pero llegando también el que había recibido un talento, dijo: Señor, te conocía que eres hombre duro, que siegas donde no sembraste y recoges donde no esparciste; por lo cual tuve miedo, y fui y escondí tu talento en la tierra; aquí tienes lo que es tuyo.
Respondiendo su señor, le dijo: Siervo malo y negligente, sabías que siego donde no sembré, y que recojo donde no esparcí. Por tanto, debías haber dado mi dinero a los banqueros, y al venir yo, hubiera recibido lo que es mío con los intereses. Quitadle, pues, el talento, y dadlo al que tiene diez talentos. Porque al que tiene, le será dado, y tendrá más; y al que no tiene, aun lo que tiene le será quitado. Y al siervo inútil echadle en las tinieblas de afuera; allí será el lloro y el crujir de dientes.

Mateo 25:24-30

¡BOOM!

¿Somos realmente tan arrogantes como para creer que los ángeles vendrán a llevarnos en el Rapto si no estamos usando nuestros talentos para el Reino de Dios? Sé que esto se refiere a un talento, o medida, de plata u oro. Sin embargo, yo encuentro que no quiero que el Señor regrese sabiendo que mi compromiso con su Señorío no está tan cerca del cien por ciento como puedo hacerlo.

¡BOOM!

La tercera parábola se encuentra en Mateo 24:

Por tanto, también vosotros estad preparados; porque el Hijo del Hombre vendrá a la hora que no pensáis. ¿Quién es, pues, el siervo fiel y prudente, al cual puso su señor sobre su casa para que les dé el alimento a tiempo? Bienaventurado aquel siervo al cual, cuando su señor venga, le halle haciendo así. De cierto os digo que sobre todos sus bienes le pondrá. Pero si aquel siervo malo dijere en su corazón: Mi señor tarda en venir; y comenzare a golpear a sus consiervos, y aun a comer y a beber con los borrachos, vendrá el señor de aquel siervo en día que este no espera, y a la hora que no sabe, y lo castigará duramente, y pondrá su parte con los hipócritas; allí será el lloro y el crujir de dientes.

Mateo 24:44-51

¡BOOM!

No quiero decir nunca: *"El Señor retrasa su venida"*. Más bien quiero asegurarme de que cuando Él regrese, no esté tratando mal a mis consiervos. No quiero que el Señor tenga que cortarme en pedazos y designar mi parte con los hipócritas, donde hay lloros y crujir de dientes.

La cuarta parábola se encuentra en Lucas 13:22-30:

Pasaba Jesús por ciudades y aldeas, enseñando, y encaminándose a Jerusalén. Y alguien le dijo: Señor, ¿son pocos los que se salvan?

Y él les dijo: Esforzaos a entrar por la puerta angosta; porque os digo que muchos procurarán entrar, y no podrán. Después que el padre de familia se haya levantado y cerrado la puerta, y estando fuera empecéis a llamar a la puerta, diciendo: Señor, Señor, ábrenos, él respondiendo os dirá: No sé de dónde sois. Entonces comenzaréis a decir: Delante de ti hemos comido y bebido, y en nuestras plazas enseñaste. Pero os dirá: Os digo que no sé de dónde sois; apartaos de mí todos vosotros, hacedores de maldad. Allí será el llanto y el crujir de dientes, cuando veáis a Abraham, a Isaac, a Jacob y a todos los profetas en el reino de Dios, y vosotros estéis excluidos. Porque vendrán del oriente y del occidente, del norte y del sur, y se sentarán a la mesa en el reino de Dios. Y he aquí, hay postreros que serán primeros, y prime ros que serán postreros. Lucas 13:22-30

Un discípulo quería saber si se iban a salvar muchas personas. Jesús respondió: *"Esforzaos en estar preparados. Porque cuando el dueño de la casa se levante y cierre la puerta, entonces será demasiado tarde"* (paráfrasis mía). La gente que no pueda entrar dirá que ha comido y bebido en su presencia, y que les ha enseñado en sus calles. Él responderá: *"No os conozco, obreros de la iniquidad"*. El resultado será: *"Habrá llanto y crujir de dientes"*.

¡BOOM!

Como he dicho con las otras parábolas, no conozco ningún otro contexto donde esta escritura encaje excepto en el escenario del Rapto. El mensaje de nuestro Señor es: ¡Prepárense y permanezcan listos!

Si no estás seguro de que tu vida está lista para el Rapto, clama a Dios con todo tu corazón como yo lo hice cuando tenía catorce años. Ora para que, pase lo que pase, Dios no te deje ir al infierno. Pide a Jesucristo que entre en tu corazón y te limpie de tus pecados. Haz un compromiso con Él, para que Jesucristo, el Hijo del Dios vivo, sea el Señor de tu vida a partir de este día.

Permítame poner Romanos 10:9-10 en mis propias palabras:

> *Si confiesas con tu boca que Jesús es el Señor y crees en tu corazón que Dios resucitó a Jesús de entre los muertos, serás salvo. Porque con el corazón se cree para justicia y con la boca se confiesa para salvación.*

Clama ahora en voz alta con tu boca, usando estas palabras: "¡Gracias, Jesús, por salvar mi alma! Amén".

Que Dios te bendiga con tu nuevo compromiso con el Señorío de Jesucristo, y que camines con Cristo con todo el compromiso que puedas darle. Si usted hizo ese compromiso, ¡ahora ya sabe *Cómo estar listo para el Rapto!*

CAPÍTULO 22

UN MENSAJE PERSONAL DE CHARLES BENNETT

COMO ME MANTENGO LISTO PARA EL RAPTO

Pensé que debía compartir con ustedes cómo me mantengo listo para el Rapto. Hace años, Dios me mostró tres cosas que me ayudarían todos los días de mi vida a no perderme el Rapto. Ellas son:

1. **Todos los días leer la Biblia y orar**. Leer la Biblia me da la oportunidad de que Dios me hable. Orar a Dios me da la oportunidad de hablar con Él. Necesitamos la sabiduría de Dios todos los días, y necesitamos hablar con Él todos los días para estar en comunión con Él.

2. **Ir a la iglesia al menos una vez a la semana**. El escritor a los Hebreos dijo (en mis propias palabras) *"que no dejemos de reunirnos con los santos"* (ver Hebreos 10:25). Esto me da la oportunidad de

desafiar y ser desafiado, de exhortar y ser exhortado y de convivir con personas de una fe similar. También me da la oportunidad de animar a otros y ser animado por otros que aman a Dios. Nadie es una isla en sí mismo. ¿Cómo puedo mostrar mi amor a Dios si no muestro amor a los demás? Jesús dijo que el mundo sabrá que somos sus discípulos porque nos amamos unos a otros (ver Juan 13:35).

3. **Dar a Dios el diez por ciento de todos mis ingresos, cada vez que tenga un incremento.** Esta es la forma que Dios ha elegido (según mis propias palabras):

- Para abrir las ventanas del cielo.
- Para derramar bendiciones en las que no hay espacio suficiente para recibirlas.
- Para reprender al diablo por mí.
- Para asegurarse de que mi fruto no caiga en el campo antes de tiempo.
- Para que todos los hombres me llamen dichoso (véase Malaquías 3:10-13).

Si usted obedece a Dios en su vida y hace fielmente las cosas que he descrito aquí, creo que lo veré en el Rapto. ¡Que Dios te bendiga!

Contacto con el autor

Puede ponerse en contacto con el pastor Charles Bennett de las siguientes maneras:

Fundador/Pastor Charles Bennett
Joy Fellowship Worship Center
1001 Perrymont Road
Hopewell, VA 23860

Correo electrónico: Joy-Fellowship@juno.com
Teléfono: USA (804) 536-5137

Dirección postal:

632 Cedar Level Road
Hopewell, VA 23860

Latinoamérica
Correo electrónico: moisesarauz@yahoo.com
Teléfono: Nicaragua (505) 8694-9241
W. Moisés Aráuz

CPSIA information can be obtained
at www.ICGtesting.com
Printed in the USA
LVHW051107020322
712194LV00005B/150

9 781950 398492